**월급만으로는 돈이 돈을 버는 걸
절대 이기지 못한다**

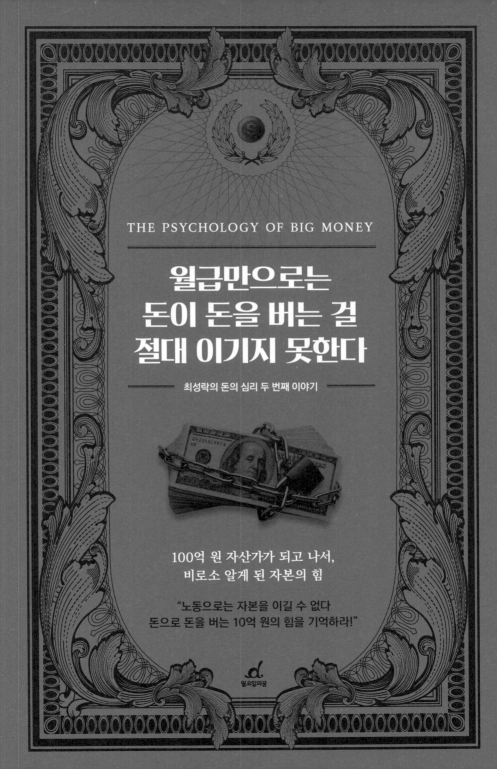

THE PSYCHOLOGY OF BIG MONEY

월급만으로는
돈이 돈을 버는 걸
절대 이기지 못한다

최성락의 돈의 심리 두 번째 이야기

100억 원 자산가가 되고 나서,
비로소 알게 된 자본의 힘

"노동으로는 자본을 이길 수 없다
돈으로 돈을 버는 10억 원의 힘을 기억하라!"

일요일의꿈

THE PSYCHOLOGY of BIG MONEY

100억 자산가가 되고 나니 비로소 보이는 것들

나는 서울대를 나왔다. 서울대를 나와서 좋은 점은 뭘까? 사람들은 서울대를 나왔을 때의 좋은 점들을 여러 가지 이야기한다. 졸업하고 사회에 진출할 때 서울대 동문의 힘을 빌릴 수 있고, 서울대 출신이라서 이런저런 이득을 받고, 서울대 나오면 승진하기 쉽고 등등의 이야기들이다. 그런데 나에게 서울대 나와서 좋은 점 한 가지만 이야기하라고 하면 이 점을 이야기하겠다.

"사람들은 서울대 나오면 이렇게 좋다, 저렇게 좋다 등등 여러 가지 장점을 이야기한다. 서울대 졸업의 장점에 대한 '썰'이 굉장히 많다. 내가 서울대 나와서 좋은 점은, 서울대 졸업생들이 정말로 어떻게 살고 있는지를 알 수 있다는 점이다. 사회에서 말하는 서울대 졸업생들의 삶이 아니라, 서울대 졸업생들의 진짜 삶에 대해 알게 된다는 점이다."

동기들이 서울대생이다. 학교 다닐 때 알고 지내던 다른 과 친구들도 서울대생이다. 대학원도 서울대를 다녔으니, 서울대 대학원을 나온 사람도 많이 알고 있다. 지금 나는 50대 중반이고, 서울대 친구들도 그 나이대다. 이들이 서울대를 졸업하고 약 30년 동안 살아온 삶의 궤적을 안다. 그래서 알게 된다. 사람들이 "서울대 나오면 이런저런 게 좋아"라고 하는 말이 진실인지 아닌지, 어떤 게 맞고 어떤 게 틀린 말인지를 구분할 수 있다.

참고로 말하면, '서울대 나오면 이렇다'라고 일반적으로 알려져 있는 말은 대부분 진실이 아니다. 서울대 나왔다고 잘 살게 되는 것도 아니고, 돈을 많이 버는 것도 아니고, 사회적으로 출세하는 것도 아니다. 물론 성공하고 사회적으로 출세하는 사람들도 있다. 그러나 그건 소수다. 서울대 말고 다른 학교 나와도 그 정도 성공하는 사람은 나온다. 서울대생의 경우 그 확률이 조금 더 높기는 하다. 하지만 '서울대 나오면 이렇다'라고 할 정도로 절대적으로 높은 비율은 아니다. 또 서울대 나오고 어렵게 사는 사람도 많다. 건설 현장의 인부로 지내는 사람도 있다. 서울대 대학원까지 나왔지만 일자리를 잡지 못하고 생활고를 겪고 있는 사람들이 수두룩하다.

서울대생들이 자기 학교 선후배를 챙겨서 끼리끼리 논다는 말도 사실이 아니다. 서울대는 공부 잘하는 학생들이 모인 곳이다. 공부는 혼자서 한다. 누가 도와줄 수도 없고, 도움을 받을 수도 없다. 그게 몸에 배어 있다. 그래서 동문이라고 끌어주겠다는 생각은 안 한다. 뽑았더니 그게 서울대 후배였던 거지, 서울대 후배니까 뽑자 그런 건 없다. 다른 학교 동문회는 그런 게 있다. 설사 문제가 있더라도 후배라서 묻어주고 끌어준다. 그러나 서울대는 그런 게 없다. 설사 끌어주더라도, 자기에게 도움이 될 것 같은 사람이라 끌어주는 거지 서울대 후배라서 끌어주는 게 아니다. 서울대생은 그런 점에서 차갑다.

내가 서울대를 나오지 않았다면 이런 서울대 졸업생들의 실태를 몰랐을 것이다. 사회적으로 이름 있는 몇몇 서울대 출신들을 보고, '서울대를 졸업하면 다 저렇게 되나 보다'라고 생각했을 것이다. 사회에서 말하는 서울대생의 이미지로 서울대를 판단했을 것이다. 그래서 난 서울대를 나온 것을 다행이라고 생각한다. 서울대생에 대한 사회적 이미지에서 벗어나, 진짜 서울대생의 삶을 많이 볼 수 있다는 것. 그게 서울대생으로서 가장 좋은 점 중 하나다.

나는 보통 사람들이 소위 말하는 부자가 되었다. 어느 정도의 자산을 가질 때 부자인가에 대해서는 이런저런 말이 많지만, 사회에서 말하는 일반적인 기준, 금융권에서 말하는 기준, 부자들에 대한 설문조사 등에서 제시하는 기준 등은 충족한다. 처음부터 부자였던 건 아니다. 나는 그동안 (자산의 차원에서) 주요한 단계에 오를 때마다 책을 썼다. 처음 1억 원을 모았을 때, 순자산 20억 원이 되었을 때, 순자산 50억 원이 되었을 때 책을 썼고, 그 과정에 대해서는 아직도 확실히 기억하고 있다.

"부자가 되어서 이전과 달라졌는가"라고 물어본다면, 한 가지 좋은 점으로 분명히 말할 수 있는 게 있다. 부자가 실제 어떤 삶을 사는지, 그리고 어떤 생각을 하는지에 대해서 말할 수 있게 되었다는 점이다. 그동안은 '부자는 어떻다'라는 말만 들어왔을 뿐이다. 부자는 무얼 먹고, 어떤 걸 생각하고, 어디서 어떻게 생활하고 등등에 대한 말을 들어왔다. '서울대 졸업생들이 어떻다더라' 등의 말과 비슷한 사회적 신화들이다. 이전에는 그런 말을 듣기는 했지만 실제로 어떤지는 몰랐다. 그러나 이제는 실제 어떤지 이야기할 수 있게 되었다.

나 개인적인 경험만으로 이야기하는 건 아니다. 소위 부자가 되고 나니, 주위의 부자들을 많이 알게 되었다. 이전부터 알던 사람이 부자였다는 걸 알게 되는 경우도 있고, 새롭게 만나는 사람도 있다. 그렇다고 내가 모든 부자의 생각을 다 알게 된 건 아니다. 20억 원, 50억 원, 100억 원, 500억 원, 1,000억 원 부자는 부자라고 해도 절대 같은 부자가 아니다. 몇천만 원 가진 사람과 1억 원 가진 사람, 10억 원 가진 사람만큼의 차이점이 있다. 나는 내 재산 수준까지만 알 수 있을 뿐이다. 그래도 그만큼까지는 알게 된다. 내가 부자가 아니었다면 절대 몰랐을 세계였다.

그러면서 돈에 대한 시각도 달라졌다. 나는 소위 말하는 학자였다. 박사 학위를 따고 교수가 되려면 못해도 10년은 학교에서 책만 봐야 한다. 돈은 먹고사는 만큼만 있으면 되는 것이고, 돈을 버는 것에는 별 관심이 없다. 돈을 중요하게 생각하면 학자의 길은 걸을 수가 없다. 설사 돈에 관심이 있더라도, 학자로서 벌 수 있는 돈은 그 액수에 한계가 있다. 교수는 돈을 못 번다는 말이 괜히 생긴 게 아니다.

그랬던 내가 자산이 늘어나면서 돈에 대한 사고방식도 점차 바뀐다. 사람들이 돈에 대해 하는 말들이 어떤 의미인지에 대해서도 조금 해석이 달라진다. 이렇게 부자와 돈에 대해 무언가 말할 수 있게 되었다는 것이 내가 부자가 되어서 좋은 점 중 하나다.

그런 이야기들을 정리한 것이 이 책의 이야기이다. 이 책에서의 부자, 돈에 대한 이야기가 진실이라고는 생각하지 않는다. 자산 규모가 더 커지면, 그리고 나이대가 변하면 부자와 돈에 대한 시각이 또 달라질 수 있다. 즉 이 책의 이야기는 현재 나의 자산 규모(100억 원 정도다)에서 바라본 부자와 돈에 대한 시각이다. 그런 관점에서 보아주시기를 바란다.*

2025년 4월, 저자

---

* 이 책은 〈주간동아〉에서 저자가 매주 연재하고 있는 칼럼 '돈의 심리' 중 일부를 담은 것으로, 2024년 5월 26일부터 2025년 1월 18일까지의 칼럼을 새롭게 수정 보완한 것임을 알려드립니다.

차례

1장

돈의 심리, 돈의 속성, 돈의 힘

THE PSYCHOLOGY
of BIG MONEY

THE PSYCHOLOGY of BIG MONEY

01

돈, 공자는 '소인배' 소크라테스는 '좋은 것'

돈을 좋아하는 사람은 이익·이득을 좋아하는 사람이다. 우리는 돈, 이익을 좋아하는 사람을 어떻게 볼까. 일단 긍정적으로 보지는 않는다. 돈을 추구하는 사람, 이익을 좋아하는 사람은 돈 이외에 다른 가치에 중점을 두는 사람보다 수준이 낮다고 보는 경향이 있다.

동양의 고전 《논어》 〈이인편里仁篇〉에는 다음과 같은 말이 있다.

子曰 君子 喻於義 小人 喻於利(자왈 군자 유어의 소인 유어리).
공자께서 말씀하시길 군자는 의에 밝고, 소인은 이익에 밝다.

군자는 훌륭한 사람, 우리가 지향해야 할 인간상이고 소인은 그야말로 소인배다. 이익을 좋아하고 중요시하는 이는 수준이 낮은 사람이고 바르지 못한 길을 가는 사람이다. 또 이런 말도 나온다.

子曰 放於利而行 多怨(자왈 방어리이행 다원).
공자께서 말씀하시길 이익에 따라 행동하면 다른 사람에게 원망을 많이 받는다.

이익 추구를 부정적으로 본 공자

이익을 추구하면 다른 이들의 원망을 많이 받는다. 다른 이의 원망을 많이 받는다는 말은 다른 이들로부터 비난을 사게 된다는 뜻이다. 비난을 많이 받는 사람이 좋은 사람일 리는 없다. 이익을 추구하는 자는 뭔가 문제가 있는 것이고, 사회적으로도 부정적인 영향을 끼치는 사람이다.

공자의 《논어》는 사서삼경 중 하나로 조선시대에는 누구나 익혀야 하는 아주 기본적인 책이었다. 이런 《논어》의 사고방식에 익숙한 우리는 이익을 사랑하는 사람을 긍정적으로 보지 않는다. 이익을 좋아하고 추구하는 사람은 이류, 삼류 인간이다. 그야말로 소인배다.

동양의 사상적 전통이라 할 수 있는 《논어》에서는 이렇게 이익을 추구하는 사람을 부정적으로 본다. 그렇다면 서양의 사상적 전통이라 할 수 있는 소크라테스와 플라톤은 이익을 추구하는 사람을 어떻게 봤을까. 플라톤의 단편 〈히파르코스Hipparchus〉는 "이득을 좋아한다는 것은 어떤 것인지"를 주제로 한 소크라테스와 어떤 학우 간 대화록이다. 〈히파르코스〉는 "이익을 사랑하는 것이란 무엇인가. 이익을 사랑하는 사람이란 어떤 사람일까"라는 말로 시작된다.

이익에 대한 보통 사람들의 인식은 동양과 별로 다르지 않다. "이익을 사랑하는 사람은 어리석다. 사악한 악당이다"라는 게 첫인상이다. 그런데 소크라테스는 여기에 반론을 제기한다.

"누구나 손실을 입는 것을 싫어한다. 손실을 보는 것은 나쁜 일이다. 손실의 반대는 이익이다. 그러면 이익은 좋은 것이다. 따라서 이익을 사랑하는 사람은 좋은 것을 사랑하는 사람이다."

이 말에 반론이 있을 수 있다. 손실은 나쁘고 사람들이 싫어하는 것은 분명하다. 손실의 반대가 이익이라는 것도 맞다. 하지만 싫어한다는 것의 반대말이 꼭 좋아한다는 것일 수는 없다. 싫어하지 않는 것, 아무 생각 없는 것이 싫어한다는 것의 반대말일 수도 있지 않나. 물론 그렇다고 소크라테스의 결론이 크게 달라지는 건 아니다. 이익을 추구하는 게 좋은 일이 아닐 수는 있지만, 최소한 이익을 추구하는 게 나쁜 것만은 아니다. 이익을 추구하는 사람을 부정적으로 볼 수는 없다.

소크라테스, 이익 추구는 인간 본성이다

소크라테스는 계속 대화하면서 그 나름 대답을 찾아가다가 이렇게 결론을 낸다.

> "사람들은 좋은 것은 사랑하고 나쁜 것은 미워한다. 이익을 추구하는 것은 좋은 일이고, 그렇기 때문에 모두가 이익을 좋아하는 것이다."

소크라테스의 대화 상대방인 학우는 이런 소크라테스의 결론에 반론을 제기한다.

> "이익을 보는 것이 언제나 좋은 것은 아니다."

이익이라고 모두 똑같은 이익이 아니다. 좋은 이익이 있고 나쁜 이익이 있다. 좋은 이익을 추구하는 건 좋은 일이라고 할 수 있지만, 나쁜 이익을 추구하는 건 좋은 일이라고 할 수 없다. 소크라테스는 다시 논증을 시작한다. 나쁜 이익을 추구하는 건 안 좋은 일이라고 하는데, 나쁜 이익이라는 게 과연 무엇일까. 겉으로는 이익인 것 같은데 실제로는 이익이 아니라 손해인 게 나쁜 이익이다. 또 지금 당장은 좋아 보이지만 결국에는 손실을 보는 게 나쁜 이익이다. 즉 나쁜 이익은 실제로는 이익이 아니라 손실인 경우다. 실제로는 손실인데, 그걸 알지 못하고 이익으로 생각하는 게 소위 사람들이 말하는 나쁜 이익이다. 이건 이익을 추구하는 게 나쁘다는 것과는 상관없다. 손실을 이익으로 잘못 알고 있는 게 문제인 것이다. 무엇이 이익이고 무엇이 손실인지 잘 구별하지 못하는 무지의 문제일 뿐이다. 이익은 좋은 것이고, 이익을 추구하는 건 좋은 일이라는 앞의 결론과는 아무런 상관이 없다.

더 나아가 소크라테스는 안 좋은 이익이라 해도 좋은 이익보다 더 나쁜 것은 아니라고 주장한다. 먹을거리에는 좋은 먹을거리와 안 좋은 먹을거리가 있다. 하지만 먹을거리라는 점에서는 동일하다. 좋은 먹을거리는 먹는 사람에게 즐거움을 줄 것이다. 그렇다고 안 좋은 먹을거리를 먹는 사람이 괴로움을 받는 건 아니다. 안 좋은 먹을거리를 먹는 사람도 충분히 즐거움을 누린다. 마실 것도 마찬가지다. 좋은 마실 것과 안 좋은 마실 것이 있다. 하지만 마실 것이라는 점에서는 동일하고, 어떤 것이든 마시는 사람에게 즐거움을 준다.

이익도 마찬가지 아닐까. 이익에 훌륭한 이익과 안 좋은 이익이 있다고 하자. 이때 훌륭한 이익을 얻은 사람이 안 좋은 이익을 얻은 사람보다 더 나은가. 안 좋은 이익이 나쁜 이익, 그러니까 실제로는 손실이라면 분명 문제가 있다. 하지만 안 좋은 이익이 손실이 아니라, 단지 질적으로 훌륭한 이익보다 못한 이익이라면 안 좋은 이익이라고 해서 문제가 될 건 없다. 좋은 먹을거리, 좋은 마실 것을 두고 안 좋은 먹을거리, 안 좋은 마실 것을 즐기는 일과 유사한 셈이다.

결국 소크라테스는 다음과 같이 결론을 맺는다.

"모든 이익은 크든 작든 좋은 것이다."

그리고 이익을 사랑하는 사람, 이익을 추구하는 사람에 대해서는 이렇게 판단한다.

"훌륭한 사람은 훌륭한 것을 원한다. 그런데 사악한 사람도 크든 작든 이익을 사랑한다. 즉 모든 사람은 좋은 이익이든 안 좋은 이익이든 이익을 사랑한다. 따라서 이익을 사랑한다고 다른 사람을 비판하는 것은 옳지 않다. 그렇게 비판하는 사람도 사실은 이익을 사랑하니까."

어떤 사람은 이익을 사랑하고 어떤 사람은 이익을 사랑하지 않는다면 이익을 사랑하는 사람이 비판받을 수 있다. 이익을 사랑하는 사람이 잘못된 가치를 추구한다거나, 방법이 잘못됐다거나, 자제심이 없다고 비판받을 수 있다. 하지만 모든 사람이 다 이익을 사랑한다면 이때는 이익을 사랑하는 사람을 비판할 수 없다. 모든 사람이 다 좋아하는 건 본성인 것이고 자연스러운 것이다.

동양 고전인 공자의 《논어》에서는 이익을 추구하는 사람을 소인배라고 본다. 그런데 소크라테스는 이익을 추구하는 건 훌륭한 사람이든 나쁜 사람이든 동일하고, 그렇기 때문에 이익을 추구하는 게 나쁜 것은 아니라고 한다. 더 나아가 손실은 나쁘고 이익은 좋은 것이니, 이익을 추구하는 것도 좋은 일이라고 본다.

공자냐 소크라테스냐, 각자가 선택해야 할 문제

누구의 의견이 더 나을까. 어떤 사람은 공자의 말을 더 좋아하고, 또 어떤 사람은 소크라테스를 더 좋아할 테다. 정답은 없고, 자신의 가치관과 경험에 따라 의견이 달라질 것이다. 내 경우에는 소크라테스의 말이 더 와 닿는다. 《논어》에서는 이익을 추구하느냐 아니냐에 따라 군자와 소인으로 인간을 나눈다. 인간 사이에 계층을 둔다. 그리고 상위 인간과 하위 인간을 구분한다. 그런데 소크라테스는 좋은 이익을 추구하든, 나쁜 이익을 추구하든 인간이라는 점에서는 동일하다고 본다. 사람을 평등하게 보고, 어떤 이익을 추구하느냐는 본인 선택의 문제라고 한다. 나쁜 이익을 추구하는 건 그 사람의 수준이 낮아서가 아니라, 단지 잘 알지 못해서 발생하는 문제다. 나는 손해 보는 걸 싫어하고 이익 보는 걸 좋아한다. 《논어》에 따르면 나는 소인배이고, 소크라테스에 따르면 나는 보통 인간일 뿐이다. 소인배가 되지 않기 위해 나로서는 소크라테스의 논리를 받아들일 수밖에 없다.

THE PSYCHOLOGY of BIG MONEY

02

지갑에 현금이 있어야
분실했을 때 되찾기 쉽다

어렸을 때 일이다. 할머니(아니면, 할아버지였다) 생신이 가까워져서 삼촌, 고모 등이 모여 이번 부모님 생신에 뭘 할 것인지를 논의했다. 칠순 같은 특별한 생신이었고, 그래서 잔치를 할까, 여행을 보내드릴까 등으로 이야기를 나누었다. 그런데 할머니, 할아버지는 뭘 이야기해도 싫다고만 하고 고개를 가로저었다. 여러 옵션을 제시하는데도 싫다고만 하는 부모님 때문에 자식들은 지쳤다. 결국 "그냥 그 돈을 드릴 테니 맘대로 하시라"라고 내뱉었다. "이것도 싫다, 저것도 싫다"고만 하니 짜증이 나서 한 말이다. 그런데 그말에 할머니, 할아버지 얼굴에 화색이 돌았다.

표정이 변한 것을 보고 삼촌, 고모들은 할머니와 할아버지가 정말로 원하는 게 뭔지를 알았다. 현금을 받는 것이었다. 삼촌, 고

모들은 돈을 모아서 드리기로 했다. 물론 돈을 드리는 것만으로 생신을 넘어가지는 않았다. 따로 식사도 했지만, 어쨌든 가장 큰 건 현금 선물이었다.

이때 할머니, 할아버지는 돈을 원했지만, 자식들에게 돈을 달라고는 말하지 못했다. "여행을 보내달라" "잔치를 하자"는 말은 할 수 있어도, 돈을 달라는 말은 자식임에도 쉽게 꺼낼 수 없었던 것이다. 설령 자식들이라 해도 대놓고 돈을 달라는 건 도덕적으로 문제가 있다. 반면 자식들은 생신 이벤트로 여러 가지를 생각했지만 돈을 드린다는 발상은 하지 않았다. 중요한 생신이라면 돈 이외에 다른 뭔가를 해야 하지, 그냥 돈만 드리고 끝나면 못된 불효자식이 된다. 사람들은 현금 100만 원과 100만 원 가치가 있는 물건을 똑같이 생각하지 않는다. 단순히 돈이 사용하기에 더 편하다는 문제가 아니다. "돈을 달라"는 말, 그리고 "돈만 주면 된다"는 말은 도덕적으로 문제가 있다. 돈에는 보통 물건과는 다른 어떤 도덕적 가치가 포함돼 있다.

콜라 캔과 1달러 지폐 실험

행동경제학자로 유명한 댄 애리얼리Dan Ariely가 수행한 실험 가운데 사람들이 돈과 물건을 다르게 취급하는 것에 대한 내용이 있다. 연구팀은 미국 대학 기숙사 내 학생들이 공동으로 사용하는 냉장고에 콜라 캔 여섯 개와 1달러짜리 지폐 여섯 장을 넣어뒀다. 이때 콜라 캔 한 개 가격은 1달러보다 조금 낮기는 했지만 둘의 가치는 거의 동일했다. 그렇게 공동 냉장고에 넣어두고 3일이 지났을 때 콜라 캔과 1달러가 어느 정도 사라졌는지를 살펴보는 실험이었다.

다른 사람의 것은 건드리지 않는 게 원칙이다. 하지만 공동 냉장고에 뭔가가 들어 있을 때 다른 사람들이 가져가는 일이 일상적으로 일어나는 것도 사실이다. 다른 사람 것이긴 해도 공동 냉장고에 들어 있는 음료 등은 별 죄책감 없이 마시곤 한다. 그러면 이때 기숙사 학생들은 어떻게 행동했을까.

3일 후 공동 냉장고를 확인하자 콜라 여섯 캔은 모두 사라졌다. 그런데 1달러 지폐 여섯 장은 모두 그대로 남아 있었다. 기숙사 학생들은 공동 냉장고에 있는 콜라는 그냥 마셔도 된다고 생각했다. 하지만 돈은 건드려선 안 된다고 봤다.

이 실험이 시사하는 바를 살펴보자. 첫째, 사람들은 돈과 돈 이외의 물건을 다르게 생각한다. '어떤 것이 더 가치가 높은가'라는 가치 평가의 문제가 아니다. 학생들은 싼 건 가져가도 된다거나, 비싼 건 가져가선 안 된다는 식으로 생각한 게 아니다. 또한 '비싼 걸 가져가는 게 이익이니 비싼 걸 가져가야겠다'고 생각한 것도 아니다. 둘의 가치는 동일했다. 하지만 학생들은 콜라는 가져가도 1달러는 가져가지 않았다. 그 둘을 1달러 가치의 동일한 물건으로 보지 않았다. 1달러 가치의 콜라와 1달러 지폐는 완전히 다른 것이었다.

돈에는 도덕적 가치가 들어 있다

둘째, 돈에는 어떤 도덕적 가치가 존재한다. 다른 사람의 물건을 건드려선 안 된다는 도덕 가치가 있다. 그런데 기숙사에 있는 공동 냉장고의 경우, 그런 도덕 가치에도 다른 사람의 물건을 건드리는 이들이 있다. 콜라 캔은 다 사라졌다. 하지만 그런 이들조차 돈은 건드리지 않았다. 학생들은 콜라 캔 정도는 가져가도 된다고 생각했다. 그러나 돈은 건드리면 안 된다고 봤다. 돈에는 좀 더 엄격한 도덕적 가치가 적용되는 것이다. 선물은 받을 수 있지만 돈은 받으면 안 된다는 사회 관습이 생긴 것도 이렇게 돈에는 뭔가 다른 도덕적 가치가 포함돼 있기 때문이다. 돈에는 그 사용가치에 더해 어떤 도덕적 가치가 포함돼 있다.

돈에 따라 사람들의 도덕적 행동이 달라지는 것에 대한 또 다른 유명한 연구가 있다. 2019년 〈사이언스〉에 발표된 '분실된 지갑 찾아주기' 연구다. 이 연구는 미국 미시간대, 유타대, 스위스 취리히대의 공동연구로 진행됐다. 전 세계 40개국 335개 도시에서 1만 7,003개의 분실 지갑을 신고하고, 이 지갑이 주인에게 돌아오는 정도를 조사했다. 은행, 지하철역, 문화센터, 박물관 등의 직원에게 누가 지갑을 잃어버렸다고 신고한 뒤 지갑을 건네줬다. 그 지갑에는 현지인인 지갑 주인의 이메일 등 연락처가 있었고, 그래서 돌려주려고 마음만 먹으면 충분히 돌려줄 수 있었다. 이때 과연 지갑을 습득한 사람이 그 지갑을 주인에게 연락해서 돌려줄 것이냐가 문제였다.

지갑은 현금이 있는 것과 없는 것 두 종류였다. 연구진은 현금이 있는 지갑은 돌아오지 않고, 현금이 없는 지갑이 더 많이 돌아올 것이라고 예상했다. 현금은 자기가 그냥 가질 수 있기에 현금만 챙기고 지갑은 돌려보내지 않으리라고 본 것이다. 그런데 결과는 예상과 달랐다. 현금이 없는 지갑보다 현금이 있는 지갑의 회수율이 더 높았다. 사람들은 지갑에 현금이 있을 때 더 적극적으로 지갑을 돌려주려 했다.

예상 외 결과에 연구진은 이번에는 지갑 속 현금 액수를 높여 봤다. 처음에는 현금 13.45달러(약 1만 8,800원, 이하 1달러=1,400원)만 넣었는데, 이번에는 94.15달러(약 13만 원)를 넣어둔 것이다. 그런데 현금이 증가하자 회수율이 더 높아졌다. 사람들은 지갑에 현금이 많으면 지갑을 더 돌려주려고 노력했다. 이 연구는 국제적으로 시행된 것으로, 그래서 국가마다 결과가 달랐다. 스위스에서는 지갑에 돈이 없는 경우 73%가, 돈이 있는 경우에는 79%가 반환 이메일을 보냈다. 중국에서는 돈이 없는 경우 7%만 연락했고, 돈이 있는 경우에는 21%가 연락했다. 각국마다 이런 비율 차이는 있지만, 지갑에 돈이 있을 때 연락하는 비율이 증가한 점은 동일했다. 지갑에 13만 원을 넣어둔 후속 연구는 폴란드, 영국, 미국에서만 이뤄졌다. 이 3개국에서 지갑에 돈이 없는 경우에는 46%, 1만 8,800원이 들어 있는 경우에는 62%, 13만 원이 들어 있는 경우에는 72%가 반환 연락을 했다. 돈이 많을수록 지갑을 돌려주려는 노력이 더 많아졌다.

　이 연구로 알게 된 것은 우선 사람 대부분은 정직하다는 점이다. 약간의 예외는 있지만 지갑에 돈이 들어 있을 때 과반수의 사람이 지갑을 돌려주려 했다. 지갑 속 돈을 자기가 챙기고 모른 척하는 부도덕한 사람은 어느 사회에든 있지만 소수였다. 대부분은 돈이 있는 지갑을 주인에게 돌려주려 하는 선량한 사람이었다.

정의감을 자극하는 돈

셋째, 돈은 사람의 도덕성을 자극한다. 처음 지갑에 넣어둔 1만 8,800원은 그리 큰돈이 아니다. 이 돈이 없다고 지갑 주인이 큰 어려움을 겪지는 않을 테고, 이 정도의 돈을 자기가 챙긴다고 해서 큰 이익을 얻는 것도 아니다. 하지만 1만 8,800원이 지갑에 있을 때 지갑을 돌려주려는 비율이 크게 증가했다. 1만 8,800원이 큰돈이어서가 아니다. 적은 돈이라도 그 돈을 자기가 챙긴다는 데 거부감이 있었던 것이다. 적은 돈이지만 돈을 잃어버린 사람을 고려하는 공감대도 증가했다. 돈이 없는 지갑은 그냥 무시할 수 있어도, 돈이 있는 지갑은 무시할 수 없다. 단지 1만 8,800원으로 지갑을 주인에게 돌려줘야 한다는 정의감과 도덕심이 더 커진 것이다. 돈 액수가 커지면 그런 정의감과 도덕심도 커진다. 13만 원이 든 지갑을 70% 넘는 사람이 돌려주려 한 사실은 이것 말고는 이유를 찾기가 어렵다.

　돈은 단순히 물질적 수단만이 아니다. 그 안에는 도덕적 가치가 들어 있다. 적은 돈이라 해도 사람의 도덕적 가치를 건드리고, 그로 인해 사람들의 행동이 변화된다. 돈을 그냥 사용가치, 교환가치로만 보고 나눠줄 때 문제가 발생하는 건 이 때문이다. 돈은 도덕적 감정과 연관된다. 이 점이 여느 물건들과는 다른 돈의 가장 큰 특징일 것이다.

THE PSYCHOLOGY of BIG MONEY

03

자기 돈 쓸 때와
남의 돈 쓸 때가 다른 이유

친구 스무 명이 단체로 골프를 치러 갔다. 골프는 한 팀이 네 명씩 경기를 한다. 그래서 총 다섯 팀이 됐고, 각 팀마다 따로 골프를 쳤다. 골프장에서 같이 밥도 먹고 음료수도 마시곤 해서 이렇게 먹거리에 쓰는 돈은 스무 명이 n분의 1로 나눠 내기로 했다. 18홀 중 5홀 정도까지 치니 간식 파는 데가 나왔다. 따뜻한 어묵과 꽈배기 등을 먹을 수 있었다. 보통은 9홀을 마쳤을 때 뭔가 먹을 수 있는 그늘집이 나오는데, 이 골프장에서는 5홀이 지나자 간단한 간식이 나왔다. 물론 공짜가 아니라 파는 것들이다. 그것도 시중 가격보다 훨씬 비싼 값으로.

날씨가 조금 싸늘해서 따뜻한 국물을 먹고 싶었다. 그런데 여기서 그걸 사 먹으면 비용은 우리 팀 네 명이 내는 게 아니라, 전체

스무 명이 나눠 내야 한다. 그러면 어묵을 사 먹어야 할까, 말아야
할까.

네 명 중 한 명이 말했다.

"먹고 싶은데, n분의 1이라서 좀 곤란하다. 그냥 가자."

다른 한 명은 이렇게 말했다.

"n분의 1이니까 먹자."

간식비에 대한 엇갈린 의견

두 의견으로 갈렸다. n분의 1이니까 먹지 말아야 한다는 의견과,
오히려 그러니까 먹어야 한다는 의견. 전자는 우리가 먹은 간식 값
을 다른 친구들도 내게 되니, 그들에게 폐를 끼치지 않기 위해 먹
지 말아야 한다는 의견이다. 그 비용을 다른 사람들도 지불해야
하니 삼가는 것이 맞다는 얘기였다. 후자는 간식을 먹어도 그 비
용을 다른 사람들과 함께 내게 되니 별 부담 없이 먹어도 된다는
의견이다. 다른 사람들도 함께 비용을 지불하니 걱정하지 않아도
된다는 얘기였다.

어떻게 해야 할까. 한참 갈등하고 있는데 어묵을 파는 사람이
결정적인 말을 날렸다.

"앞 팀에서는 많이 먹고 갔어요."

앞 팀도 우리 스무 명 중 한 팀이었다. 그 팀이 이미 n분의 1로

계산되는 어묵을 먹고 떠났다. 그 말에 결정이 났다. 지금까지 n분의 1이니 먹지 말아야 한다는 의견을 냈던 사람도 "그렇다면 우리도 먹어야지"라며 어묵을 집어 들었다. 결국 우리도 푸짐하게 먹고 나왔다.

다시 골프를 치러 가면서 한 명이 이렇게 말했다.

"이게 바로 공산주의·사회주의가 제대로 작동하지 않는 이유이지!"

웃었다. 크게 공감이 갔기 때문이다. 모두가 똑같이 평등하게 부담하는 것은 참 좋다. 각자 꼭 필요한 물건을 사고 그 부담을 함께 나누면 안정적인 사회가 될 수 있다. 문제는 부담을 모두 나누기로 했을 때 사람들이 꼭 필요한 데만 돈을 쓰는 게 아니라 훨씬 더 많은 것에 돈을 쓴다는 점이다. 나 혼자 부담한다면 절대 사지 않을 것들을 다른 사람들이 함께 부담할 때는 아무 고민 없이 사곤 한다. 모두의 부담을 생각해서 꼭 필요한 것만 사는 사람도 있다고 변명하는 건 별 의미가 없다. 물론 처음에는 안 그런 사람도 있을 것이다. 하지만 다른 이들이 팍팍 쓴다는 것을 알게 되면 생각이 달라진다. n분의 1이니까 먹지 말아야 한다고 말했던 친구도 다른 사람들이 먹는 걸 보고서는 주저 없이 어묵을 집어 들었다. 오히려 다른 사람들보다 더 먹었다. 먹지 않으면 자기는 손도 안 댄 음식값을 지불해야만 한다.

먹고 싶은 걸 먹었으니 된 것 아니냐고 할 수도 있다. 하지만 우리는 원래 따뜻한 국물이 나오는 어묵 한 개만 먹으면 됐다. 그

러나 어묵에 찹쌀떡 등을 제대로 먹고 나왔다. 우리가 돈을 전부
내야 했다면 어묵 두 개 정도와 국물만 먹고 나왔을 것이다. n분
의 1이기 때문에 더 많이 주문했다. 그나마 n분의 1이라서 자신도
돈을 부담해야 하니 덜 먹은 것일 수도 있다. 만약 n분의 1도 아
니고 다른 사람들이 전부 다 부담하는 상황이었다면 더 비싼 간
식을 훨씬 더 많이 먹었을지 모른다.

공금은 비효율적으로 소비되기 쉽다

우리는 모두 돈을 중요시하고 절약하며 아껴야 한다고 생각한다.
분수에 넘게 돈을 써선 안 되고, 사치해서도 안 된다고 여긴다. 사
치는 돈을 굉장히 비효율적으로 사용하는 것이라고 생각한다. 하
지만 자세히 보면 사람들은 돈을 아끼는 게 아니다. 자기 돈을 아
끼는 것이고, 남의 돈은 별로 아끼지 않는다. 자기 돈은 중요하게
생각하지만, 남의 돈은 중요하게 생각하지 않는다. 자기 돈으로는
사치하기 힘들지만, 남의 돈으로는 사치할 수 있다. 자기 돈으로는
고급 음식점에서 비싼 술을 사 마실 수 없지만, 다른 사람의 돈으
로는 사 마실 수 있다. '돈' 자체가 아껴야 하는 소중한 존재가 아
니다. '내 돈'이 소중한 것이고, '다른 사람의 돈'은 별로 소중하지
않다. 다른 사람의 돈은 아무런 가치가 없는 것처럼 막 써버릴 수
있는 대상이다. 공금이나 회사자금, 운영비 등을 효율적으로 사

용하느냐, 비효율적으로 사용하느냐의 기준은 간단하다. 자기 돈처럼 사용하느냐, 아니냐. 공금을 자기 돈처럼 사용하면 효율적인 소비이고, 자기 돈으로는 절대 쓰지 않을 곳에 사용하면 비효율적인 소비다.

사람은 누구나 자기 돈은 효율적으로 사용한다. 자기가 정말로 원하는 것, 정말로 하고 싶은 것에 돈을 쓴다. 혹자는 분수에 맞지 않게 명품에 많은 돈을 쓰는 사람을 비판하지만, 그건 그 사람이 그만큼 명품을 좋아하기 때문이다. 자기가 정말로 갖고 싶고 원하는 대상에 큰돈을 쓰는 건 충분히 효율적인 돈 쓰기다. 최소한 사회적 낭비는 없다.

문제는 자기 돈이 아닌 남의 돈을 쓸 때다. 이때는 정말 필요한 것을 넘어서 불필요한 것에도 돈을 쓴다. 별로 먹고 싶지 않아도 "이럴 때 먹어보자"며 사 먹고, 자기 돈으로는 절대 사지 않을 사치품을 산다. 더 비싼 차를 사고, 더 비싼 비행기 표를 구매하며, 더 비싼 음식점에 간다.

타인을 도울 때도 자기 돈이냐, 남의 돈이냐에 따라 그 행태가 다르다. 정말로 타인을 돕는 게 중요하다면 자기 돈으로도 도와야 한다. 하지만 자기 돈은 사용하지 않으면서 다른 사람의 돈만으로 돕는 경우가 많다. 우리는 남의 돈을 사용할 때 훨씬 더 좋은 사람이 된다. 비싼 것을 많이 사줄 수 있고, 좋은 선물도 해줄 수 있으며, 필요하다는 것을 팍팍 사줄 수 있다. 하지만 이렇게 타인에게 잘해준다고 해서 정말로 좋은 사람이라고 생각해서는 곤란하다. 자기 돈으로 해준다면 정말 잘해주는 것이다. 하지만 남의 돈으로 잘해주는 거라면 다시 한 번 생각해봐야 한다.

돈에 대한 태도는 본능에 가깝다

돈을 소중하게 여기는 사람은 자기 돈이든, 남의 돈이든 똑같이 소중하게 생각한다. 남의 돈도 자기 돈처럼 똑같이 낭비하지 않는 사람이 정말 돈을 아끼는 것이다. 자기 돈은 아끼면서 남의 돈을 팍팍 쓰는 사람은 돈을 아끼는 게 아니라 단지 자기 것만 소중히 여기는 것뿐이다. 진정한 구두쇠는 자기 돈이든, 남의 돈이든 쓸 데없는 데 사용되는 걸 싫어하는 사람이다. 자기 돈은 소중히 아끼면서 남의 돈은 팍팍 쓰는 사람은 진짜 구두쇠가 아니라, 그냥 이기적인 사람일 뿐이다.

그렇다고 해서 남의 돈을 팍팍 쓰는 사람을 욕하지는 말자. 대다수가 남의 돈도 아끼는데 소수만 팍팍 쓴다면 그때는 그 사람을 나쁘다고 비난할 수 있다. 하지만 실제로 보면 대부분이, 아니 거의 100%가 자기 돈과 남의 돈을 쓰는 방식이 다르다. 이런 건 개인의 인성 차이가 아니라 인간의 본능이라고 봐야 한다. 남의 돈을 맘대로 쓰는 사람이 나쁜 게 아니라, 남의 돈도 자기 돈처럼 쓰는 사람이 훌륭한 것이다.

단지 그 속성만은 알고 있자. 사람은 자기 돈을 쓸 때와 남의 돈을 쓸 때, 그 행태가 다르다. 진짜 중요한 건 돈 자체가 아니라 내 것이냐 남의 것이냐이고, 다른 사람의 돈을 어떻게 쓰느냐가 돈에 대한 자신의 진짜 태도다. 그리고 남의 돈을 주로 사용하려는 사회는 필연적으로 비효율적인 사회가 된다는 사실도 알고는 있자. 사람은 자기 돈이냐 남의 돈이냐에 따라 사고방식과 행동이 달라진다. 이 둘을 구분할 때 돈 쓰는 사람에 대해 좀 더 잘 알 수 있다.

THE PSYCHOLOGY of BIG MONEY

<u>04</u>

돈이 많을수록 늘어나는 건,
인생에 대한 만족도

한 모임에서 이런저런 대화를 하다가 '돈이 더 많으면 더 행복해지
는가'에 대한 얘기가 나왔다. 행복해진다, 꼭 그렇진 않다 등등 의
견들이 나왔는데, 한 명이 "그런 건 경제학 전공한 사람이 잘 알겠
지"라면서 나를 지목했다. 의견이 많으니 나 보고 결론을 내달라
는 것이었다.

이 대화처럼 경제학에서는 돈과 행복의 관계에 대해 많이 얘
기한다. 그리고 나는 아주 자세히는 아니지만, 비전공자에게 맛
보기로 소개할 만큼은 알고 있다. 이 주제로 이전에 칼럼을 쓴 적
도 몇 번 있다. 일단 가장 유명한 건 '이스털린 패러독스Easterlin
paradox'다. 1974년 리처드 이스털린Richard A. Easterlin 교수가 미국 펜
실베이니아대에 재직할 때 발표한 내용이다. 소득이 적을 때는 소

득이 늘어날수록 행복이 증가하지만, 소득이 일정 수준 이상에 이르면 행복이 거의 증가하지 않는다는 것이다. 국가 또한 GDP(국내총생산)가 낮은 가난한 나라에서는 GDP가 늘어날수록 국민 행복도가 증가한다. 그런데 GDP가 어느 수준 이상이 되면 국민 행복도가 잘 증가하지 않았다. 한마디로 소득은 어느 정도 수준까지는 사람의 행복도를 끌어올린다. 하지만 일정 수준 이상이 되면 행복도가 더는 늘어나지 않는다. 이때부터는 행복해지기 위해 돈이외에 다른 요소들이 필요하다.

사실 돈이 많아지면 행복도 증가한다

이스털린 패러독스에서 얘기하는 행복도가 더는 늘어나지 않고 정체되는 소득 구간은 연소득 1만 5,000달러(2,100만 원) 수준이다. 1970년대 물가 수준에서는 이 정도면 어느 정도 살 수 있었겠지만, 현 물가 수준에서는 어림도 없다. 그럼 현재는 어느 정도 소득이면 행복도가 더는 늘어나지 않을까. 현대 연구 가운데 유명한 것은 2002년 노벨경제학상을 받은 대니얼 카너먼Daniel Kahneman 교수와 2015년 노벨경제학상을 받은 앵거스 디턴Angus S. Deaton 교수가 공저로 발표한 2010년 논문이다. 여기에서는 그 기준점을 연소득 7만 5,000달러(약 1억 원)로 제시했다. 그 기준점까지는 소득이 늘면 행복도가 증가했지만, 소득이 그 기준점을 넘으면 행복도가 잘 증가하지 않았다. 이 또한 2010년 기준이라서 현재는 이것보다 기준액이 좀 더 높아졌다고 봐야 한다. 코로나19 사태로 물가가 크게 올랐으니, 지금은 연봉 1.5~2억 원 정도로 보면 되지 않을까. 그래서 모임에서 해당 논의를 마무리했다. 연봉 2억 원까지는 계속 행복도가 증가한다. 하지만 그 이상이면 돈이 많아도 행복도가 늘어나지 않는다. 모임에 참석한 사람 대부분이 이에 수긍하면서 이 주제가 마무리됐다. 그런데 그중 한 명이 지나가는 말로 이런 말을 던졌다.

"현금 50억 원이 넘으면 또 달라져."

충격을 받았다. 순간적으로 머리가 멍해졌다. 이 사람의 말이 앞뒤가 안 맞는 엉터리라서? 현대 석학들의 연구 결과와 다른 무식한 말이라서? 아니다. 그 말이 맞다는 생각이 들어서였다. 이스털린이나 카너먼, 또 다른 유명한 학자들은 처음에는 돈이 증가하면 행복도 증가하지만, 어느 수준이 넘어서면 돈은 행복과 별 관계가 없다고 주장했다. 하지만 그는 돈이 많으면 많을수록 더 행복해진다고 말하고 있는 것이다. 누구 말이 맞을까. 나는 대학교수를 지낸 학자였다. 그래서 유명 학자들의 말을 받아들여왔고, 제대로 된 연구 결과들을 신빙성 있는 것으로 얘기했다. 그런데 "현금 50억 원이 넘으면 또 달라진다"는 말을 들은 순간, 그게 맞다는 걸 인정하게 됐다. 돈이 어느 수준 이상 늘어났다고 해서 행복도가 증가하지 않는 게 아니다. 돈이 늘어나면 늘어날수록 행복도도 증가한다. 내 경험으로도 이게 사실이다.

집에 돌아와 카너먼과 디턴의 행복도 연구 논문 원본을 찾아봤다. 그동안 이 논문의 주요 결론인 7만 5,000달러를 기점으로 행복도가 더는 증가하지 않는다는 얘기는 많이 들었어도 직접 논문을 읽지는 않았기 때문이다. 이번에 논문을 찾아 직접 읽었다.

돈이 많을수록 높아지는 자유도

이 연구에서는 미국인 45만 명의 자료를 이용해 소득과 행복도의 관계를 살펴봤다. 그런데 여기에서는 행복도를 둘로 구분했다. 자신의 인생에 대한 평가 및 인생 전체에 대한 만족도와 그날그날 느끼는 행복감이다. 사람의 행복도는 지금 당장 기분이 좋으냐, 나쁘냐도 중요하지만, 그것과 관계없이 자기 인생에 대해 느끼는 만족도도 큰 영향을 미친다. 카너먼과 디턴은 소득이 이 두 가지에 각각 어떤 영향을 미치는지를 조사했다.

소득이 늘어나도 행복도가 증가하지 않는다는 얘기는 그날그날 느끼는 행복감에 대한 것이었다. 즉 전화 등으로 조사하면서 "지금 어떤 감정을 느끼는가" "기분이 좋은가" "스트레스는 어떤가" 등을 물어본 것이다. 이런 그날그날 느끼는 행복감은 연소득 7만 5,000달러가 넘어가면 거의 증가하지 않았다. 하지만 자기 인생에 대한 평가 부분에서는 결과가 조금 달랐다. 자기 인생에 대한 평가, 자기 인생 전체에 대한 만족도는 소득이 늘수록 계속 증가했다. 연소득 16만 달러(2억 4,000만 원)가 넘어도 인생 전체에 대한 만족도는 이전과 별 차이 없이 계속 증가한 것이다. 이 부분에서는 돈이 많으면 많을수록 더 행복해지는 것이 맞았다.

돈이 많으면 많을수록 좋다고 해서 돈이 쌓이는 모습을 보며 행복해하는 것은 아니다. 내가 보기에 돈이 많으면 많을수록 행복해지는 이유는 돈이 많을수록 자유도가 높아지기 때문이다. 경제적으로 여유가 없으면 식당에서 메뉴 가격에 영향을 받으면서 뭘 먹을지 결정해야 한다. 식당에서 먹을 수 있는 메뉴가 있고, 먹으면 곤란한 메뉴가 있다. 어느 정도 돈이 있으면 메뉴를 선택할 때 가격을 안 보고 고를 수 있다. 가격 제약을 받으며 행동할 때보다 이런 제약 없이 행동할 때 만족도가 더 크다.

돈이 좀 더 있으면 해외여행을 갈 때도 자유도가 높아진다. 저렴한 해외여행 상품을 선택하느냐, 아니면 그런 제약 없이 그냥 가고 싶은 곳을 가느냐의 자유도다. 더 나아가 비행기의 이코노미석을 타느냐, 비즈니스석을 타느냐 등의 제약도 풀릴 수 있다.

돈이 많으면 어디서 사느냐에 대한 제약도 해결된다. 자기가 살고 싶은 동네에서 사느냐, 아니면 예산에 맞는 곳에서 사느냐의 제약이다. 일을 해야 살 수 있는지, 일을 안 해도 살 수 있는지도 있다. 일을 안 해도 충분히 먹고살 수 있다면 인생의 선택지가 넓어진다. 같은 것을 하더라도 '이것밖에 할 수 없다'와 '다 할 수 있지만 내가 가장 좋아하는 것을 한다'는 분명 다르다. 인생의 선택지가 넓어지면 넓어질수록 분명 인생에 대한 만족도도 증가한다. 그리고 돈이 많으면 많을수록 선택지가 넓어진다. 그런 점에서 돈이 많으면 많을수록 삶에 대한 만족도는 증가한다고 본다.

돈은 인생의 만족도에 큰 영향을 미친다

모임에 참석한 그 사람은 "현금 50억 원이 넘으면 달라진다"고 말했다. 현금 50억 원이 있으면 자기가 사는 곳을 어디든 선택할 수 있다. 자기가 하고 싶은 사업을 뭐든지 시도할 수 있다. 이전보다 선택지가 넓어지고 자유도 크게 증가한다. 또 미래 경제 사정에 대한 불안감도 크게 감소한다. 이전보다 한 단계 더 올라섰다는 느낌이 들 테고, 그러니 그만큼 행복도도 증가한다.

이스털린 패러독스는 돈은 그리 중요하지 않다고 얘기한다. 어느 정도까지는 중요하지만, 사람들이 생각하는 바처럼 큰돈이 필요한 것은 아니라고 주장한다. 행복해지려면 돈 말고 건강, 인간관계, 종교 등 여러 다른 요소가 더 중요하다고 강조한다. 카너먼과 디턴의 연구도 연소득 7만 5,000달러까지는 행복도가 증가하지만 그 이상의 돈은 행복도에 영향을 미치지 않는다고 말한다. 하지만 이건 어디까지나 그날그날의 감정에 대한 것이다. 자기 인생에 대한 만족도, 자기 인생에 대한 평가 부분에서는 아니다. 이 부분은 돈이 많으면 많을수록 더 행복해진다. 그럼 진정한 행복을 위해서는 어느 게 더 중요할까. 자기 인생 전반에 대한 만족도

일까, 아니면 그날그날의 기분일까. 그날그날의 기분이 더 중요하다면 돈은 그리 중요하지 않다. 하지만 인생 전반에 대한 만족도가 더 중요하다면 돈은 행복도에 큰 영향을 미친다. 행복의 어느 부분을 중요시하느냐에 따라 각자가 다른 결론을 내릴 수 있는 것이다.

THE PSYCHOLOGY of BIG MONEY

05

지각이 늘어난 이유,
미안한 마음을 덜어준 돈

중국 춘추전국 시대 제나라 왕과 노나라 왕이 협상을 하게 됐다. 그동안 제나라는 노나라에 여러 번 시비를 걸고 영토를 빼앗았는데, 그 일을 사과하고 노나라와 그간의 관계를 제대로 돌리려 했다. 제나라 왕이 노나라 왕에게 지난 일을 사과할 때 옆에서 제나라 재상 안영晏嬰이 "소인은 말로 사과하고 군자는 물건으로 사과한다"고 말했다. 진정으로 사과하려면 말로만 미안하다 하지 말고 물건, 즉 예물로 해야 한다는 것이었다. 이 말을 받아들여 제나라 왕은 원래 노나라 땅이었던 지역들을 노나라 왕에게 돌려줬다. 안영은 후세에 안자晏子로 불리며 춘추시대 현인으로 추앙받는 사람이 됐다.

꼭 안자의 말이 아니더라도 말로만 하는 사과는 한계가 있다.

물론 상대방의 기분만 나쁘게 한 피해, 혹은 정신적 피해만 있는 경우에는 말로써만 사과해도 될 때가 많다. 하지만 상대방에게 물질적 피해, 재산상 피해까지 준 경우에는 대부분 말로만 사과해서는 안 통한다. 상대방이 사과할 때 자주 하는 얘기가 "말로만 미안하다고 하면 다냐"다. 이는 말로만 하는 사과로는 안 되고, 돈이나 재산상 가치가 있는 물건으로 사과할 필요가 있다는 뜻을 반영한다.

이스라엘 보육센터에서의 벌금 연구

그럼 돈으로, 물건으로 미안한 마음을 표시하면 그 후 미안한 마음은 어떻게 될까. 그 후에도 계속해서 미안한 마음을 가질까, 아니면 '이제는 됐다'며 미안한 마음이 사라질까. 돈이 미안한 감정에 어떠한 영향을 미치는지에 대한 유명한 연구가 있다. 이스라엘 행동경제학자 유리 그니지Uri Gneezy와 네덜란드 틸벅대의 알도 루스티치니Aldo Rustichini 교수가 2000년 공동 발표한 연구다. 연구 제목은 'A Fine is a Price(벌금은 대가다)'로, 원래는 금전적 벌금이 사람들 행동에 어떤 영향을 미치는지에 관한 내용이었다. 이후 돈이 사람들의 도덕적 감정이나 미안한 감정에 어떤 영향을 미치는가에 대한 시사점을 주는 연구로 더 유명해졌다.

연구 대상은 이스라엘 아이들을 낮 동안 보살피는 보육센터였다. 부모는 아침에 아이들을 보육센터에 맡기고, 오후 4시에 데려가야 한다. 그런데 부모가 오후에 늦는 경우가 있다. 미국에서는 이렇게 부모가 늦으면 벌금 등을 부과하는 게 일반적이다. 하지만 이스라엘은 따로 부모에게 벌금을 부과하지 않았다. 연구자들은 부모가 정해진 시간보다 늦게 왔을 때 벌금을 부과하면 어떤 효과가 발생하는지를 조사했다. 원래 4시까지 아이를 데리러 와야 하는데, 10분 이상 늦으면 벌금으로 10셰켈을 부과했다. 이 연구를 진행할 당시 1달러가 3.68셰켈이었으니, 10셰켈은 2.7달러 정도였다. 현재 한국 돈으로 약 4,000원이다.

이 실험은 이스라엘 하이파에 있는 보육센터 열 곳을 대상으로 진행됐다. 각 보육센터에는 평균 33.7명의 아이가 있었고, 따라서 총 대상은 337명이었다. 처음 4주 동안은 실제로 늦게 오는 부모가 몇 명인지만 관찰하고 기록했다. 조사 결과 보육센터당 일주일 평균 8.8명의 지각 부모가 있었다. 일주일에 5일을 아이를 맡겼으니 하루 평균 1.76명의 부모가 지각을 한 셈이다. 33.7명 가운데 1.76명의 부모가 늦게 와 부모가 지각할 확률은 대략 5%대였다. 대다수 부모는 지각하지 않고 제시간에 와 아이를 데려갔다.

실험 5주 차부터 부모가 늦게 왔을 때 벌금을 매기기 시작했다. 보육센터 네 곳은 지금까지처럼 벌금을 매기지 않았고, 나머지 여섯 곳에서만 벌금 10셰켈을 부과했다. 이렇게 일부는 벌금을 매기고 또 다른 일부는 벌금을 매기지 않으면, 기타 사회경제적 환경에 의한 효과를 배제한 채 벌금 효과만 제대로 파악할 수 있다.

부모 지각 확률 5→10%로 증가

처음에 연구진이 예상했던 결과는 벌금을 매기면 부모가 지각을 덜 하지 않을까였다. '벌금이 없으면 부모가 늦게 오는 경우가 많지만, 벌금을 부과하면 부모가 지각하지 않을 것'이라는 게 이 연구가 원래 목적으로 했던 결과다. 그런데 실제 벌금을 매기기 시작하니 예상과 다른 결과가 나오기 시작했다. 벌금을 부과하자 오히려 늦게 오는 부모가 늘어나기 시작했다. 벌금을 부과한 보육센터 여섯 곳 중 한두 곳에서만 그런 게 아니었다. 보육센터 여섯 곳에서 모두 늦게 오는 부모가 증가했다. 이전에는 부모가 지각할 확률이 5%였다. 그런데 이 확률이 10%로 늘었다. 늦게 오는 부모가 전보다 두 배나 증가한 것이다.

갑자기 불황이 닥쳐 부모가 더 많이 일해야 해서는 아니었다. 벌금을 부과하지 않은 네 곳의 보육센터는 그 전과 별 차이가 없었다. 그렇다면 부모가 늦게 오는 이유는 분명했다. 벌금을 부과했기 때문이다. 예상 밖의 결과에 연구진은 벌금이 부과되는데도 더 많이 늦는 이유가 무엇인지를 탐구하기 시작했다. 연구진이 내놓은 대답은 세 개다.

첫째, 지각했을 때 어떤 벌칙이 있는지 이제 분명히 알게 됐다는 점이다. 전에는 지각하면 안 된다고 했을 뿐이라서 지각했을 때 어떤 결과가 있는지 알 수 없었다. 지각하면 보육센터가 아이를 그냥 방치하지 않을까, 교사가 아이를 내버려두고 퇴근해버리지는 않을까, 이런 두려움이 있어서 절대 지각하지 않으려 했다. 그런데 벌금을 부과하니 이제 분명히 알게 됐다. 지각하더라도 벌금만 내면 된다. 이게 지각했을 때 발생할 수 있는 최악의 상황이다. 지각했을 때 생길 수 있는 가장 나쁜 결과가 벌금이라면 좀 늦어도 되지 않을까.

둘째, 벌금을 부과했을 때 부모는 보육센터가 굉장히 친절하다고 생각했을 수 있다. 이전에는 보육센터가 굉장히 엄격한 곳이라서 부모가 지각을 많이 하면 보육센터에서 아이를 더는 맡지 않겠다고 할 가능성도 있다고 생각했다. 아이가 보육센터에서 쫓겨날 가능성이 있다면 절대 지각을 해선 안 된다. 하지만 벌금만 내면 된다고 하니 자신이 예상했던 것보다 친절하다고 생각할 수 있다. 엄격한 곳이라면 지각을 해선 안 되지만, 친절한 곳이라면 지각을 좀 해도 괜찮다.

셋째, 도덕규범이 변경됐기 때문이다. 이전에는 지각하면 안 된다, 교사를 기다리게 해서는 안 된다는 사회적 규범이 작용했다. 그런데 벌금 부과가 이런 사회적 규범을 변경했다. 이전에는 교사가 주어진 시간 이후에 아이를 돌보는 건 희생이었다. 내가 좀 편하자고 교사를 희생하게 해서는 안 되는 것이다. 하지만 벌금을 내면 이제 주어진 시간 이후에 아이를 돌보는 일은 희생이 아니라 대가를 받고 하는 서비스, 상품이 된다. 서비스, 상품이라면 돈을 더 내고 이용하는 게 아무런 문제가 아니지 않나.

이 실험에서 재미있는 사실은 벌금 부과를 멈춘 후에도 부모들의 지각은 계속됐다는 점이다. 이 실험에서는 5~16주 차까지 벌금을 매기고, 17주 차부터는 벌금을 부과하지 않는 이전으로 돌아갔다. 그런데 벌금을 부과하지 않는다고 해서 부모들의 지각 빈도가 이전으로 돌아가지는 않았다. '조금 늦어도 되는구나'라는 생각이 계속 이어진 것이다. 상품, 서비스라고 한번 인식된 것은 이후에 돈을 받지 않아도 여전히 상품, 서비스로 생각된다. 과거 도덕규범이 다시 작동하지는 않는다.

벌금으로 대가를 지불했다고 생각하다

벌금을 부과할 때 부모들이 지각을 더 많이 하는 이 세 가지 이유 중 어느 게 더 타당할지에 대해서는 논의가 있을 수 있다. 다만 한 가지 분명한 것은 돈을 지불하면 상대방에게 미안한 감정이 줄어든다는 점이다. '교사가 화나지 않았을까' '교사에게 부당한 부담을 지우는 게 아닐까' '교사를 희생하게 하는 게 아닐까' 같은 감정이 드는데, 돈을 지불하면 이런 미안한 감정이 확 줄어든다. 돈은 상대방에게 그만한 대가를 지불했다고 느끼게 하면서 자신의 미안한 마음을 희석하는 역할을 한다.

이는 나쁜 것일까. 나쁘지 않다고 본다. 혹자는 돈보다는 미안한 감정을 가지고 있는 편이 더 좋지 않느냐고 얘기할 수도 있다. 그런데 미안하다고 말로 표현하는 게 정말 미안한 감정을 가지고 있어서일까. 그런 경우도 있겠지만 대부분은 그 상황을 벗어나기 위한 립서비스일 뿐이다. 그런 립서비스보다는 돈이나 물질이 더 낫지 않나. 그래서 "소인은 말로 사과하고 군자는 물건으로 사과한다"는 말이 나온 것이다. 결론적으로 돈은 미안한 감정을 희석한다. 돈을 주고 죄책감을 없애는 것이다. 좋든 나쁘든 돈이 주는 또 하나의 효과라고 볼 수 있다. 돈에 마음을 담는 지혜가 필요한 이유다.

THE PSYCHOLOGY of BIG MONEY

06

돈의 플라세보 효과,
"역시 비싼 게 좋아!"

오래전 해외여행 관광 가이드의 푸념을 들은 적이 있다. 내용은
이랬다.

해외 패키지여행을 하다 보면 관광지에서 서로 다른 한국 팀
을 만나게 된다. 이때 어떤 사람은 "그 팀은 어디 어디를 갔느냐"
"무얼 먹느냐" "어떤 숙소에 묵느냐" 등을 물어본다. 여기까지는
괜찮다. 그런데 패키지 비용까지 묻 는다. 이때 방문지, 숙소 등은
같은데 패키지 가격이 다르면 문제가 발생한다. 본인 패키지 가격
이 싸면 의기양양해하고, 비싸면 속상해한다. 싸게 여행을 하면
훈장이 되는데, 비싸게 여행하면 뭔가 실수한 것 같고 바가지를
쓴 것 같다. "딴 팀은 얼마에 왔는데 우리는 왜 더 비싸냐"고 따지
면 관광 가이드는 할 말이 없다.

한 마디로 다른 팀들에 거기는 얼마에 왔느냐고 물어보지 말
아 달라는 가이드의 푸념이었다.

싸게 사야 현명한 소비자?

소비자는 패키지 관광뿐 아니라, 다른 상품도 사람들이 얼마에 샀
느냐에 민감하다. 서로 다른 상품이면 괜찮다. 하지만 자기와 같
은 옷이나 가방을 가지고 있을 때 그 사람이 그 옷이나 가방을 얼
마에 샀는지 궁금해한다. 그리고 자기가 더 싸게 샀으면 잘한 것
같고, 자기가 더 비싸게 샀으면 속상해한다. 먹거리도 비싸게 산
사람은 바가지를 쓴 것이고, 싸게 산 사람은 현명한 소비자다.

그렇다면 같은 상품을 구입한 소비자는 가격에 상관없이 같은
효용을 얻을까. 가격과 상관없이 같은 상품이 항상 같은 효과를
준다면 높은 가격에 산 사람은 그냥 호구가 되는 셈이다. 싸게 산
사람은 분명 현명한 소비자다. 하지만 같은 상품이라도 비싸게 산
사람이 좀 더 큰 효용을 느낀다면 비싸게 샀다고 문제가 될 건 없
지 않나. 그럼 같은 상품을 비싸게 샀을 때 효과가 더 좋을까. 상
품이 똑같은데 구입 가격에 따라 효과가 다르다는 게 말이 되나.
그런데 그게 그렇지 않다. 비싼 가격에 사면 효과가 더 좋다! 소비
자는 자기가 지불한 만큼 효과를 본다.

의약품에는 플라세보 효과라는 게 있다. 실제로는 아무런 효

과가 없는 약일지라도 그것을 복용한 것만으로 실제 몸이 나아지는 효과다. 약을 먹었으니 이제 몸이 좋아질 거라는 믿음이 정말로 몸을 낫게 한다. 그래서 미국 식품의약국FDA은 단순히 약을 먹었더니 몸이 좋아졌다는 것만으로 약의 효과를 판단하지 않는다. 가짜 약과 진짜 약을 구분해 먹이고, 진짜 약이 가짜 약보다 분명히 더 나은 효과를 보일 때 약의 효과가 있다고 판단한다. 가짜 약만 먹어도 효과가 있는 것으로 나온다. 그러니 가짜 약보다 더 나은 효과를 보일 때 진짜 약이 효과가 있는 것이다. 그런데 이런 플라세보 효과는 의약품에만 있는 게 아니라, 일반 상품에도 있다. 같은 상품이라고 해도 비싼 가격에 구입했을 때 효과가 더 좋다. '돈의 플라세보 효과'다.

바바 시브Baba Shiv 미국 스탠퍼드대 교수 연구팀이 2005년에 발표한 실험을 보자. 연구팀은 일주일에 최소 세 번 정기적으로 헬스장에서 운동하는 사람들을 대상으로 에너지음료의 효과를 살펴봤다. 한 팀에는 새로 나온 에너지음료의 성분을 보여주고, 가격이 2.89달러라고 알려줬다. 2025년 현재 물가로는 1만 원 정도다. 그리고 다른 팀에는 같은 에너지음료를 보여주면서 값이 2.89달러인데 대량 구매로 할인을 받아 0.89달러(현재 물가로는 약 3,000원)에 구입했다고 말했다.

이 음료를 마시고 강하게 운동한 후 그들이 느끼는 피로도를 조사했다. 피로도는 1~7까지 강도에 따라 응답하게 했는데, 할인된 음료를 마신 팀의 피로도 평균은 4.5였다. 그리고 제값에 음료를 마신 팀의 피로도 평균은 3.7이었다. 이 음료의 성분은 가짜였기에 이 효과는 모두 플라세보 효과다. 사람들은 모두 같은 음료를 마셨으니 플라세보 효과의 결과도 비슷해야 했다. 하지만 음료 가격에 따라 효과가 다르게 나왔다. 2.89달러 음료를 마신 사람들의 피로도 정도가 0.89달러 음료를 마신 사람들보다 낮았다. 같은 음료지만 더 비싸게 마셨을 때 피로도가 더 많이 감소한 것이다.

비싼 에너지음료의 각성 효과가 더 높은 이유

이렇게 비싼 가격의 음료를 마셨을 때 효과가 더 좋게 나온 건 단순히 기분상의 문제일까, 아니면 실질적으로 차이가 있는 것일까. 이 연구팀은 실질적으로도 차이가 있는지를 살펴보는 다른 실험을 진행했다. 피실험자들에게 정신 각성 효과가 있는 음료를 제공했는데, 한 팀에는 그 각성 음료의 가격이 1.89달러라고 했다. 또 다른 팀에는 가격은 1.89달러지만, 할인을 받아 0.89달러에 구입했다고 말했다. 그리고 이 음료를 마신 후 피실험자들은 30분 동안 퀴즈를 풀었다.

이 미션에서 0.89달러 음료를 마신 사람들은 평균 6.8개, 1.89달러 음료를 마신 사람들은 평균 9.7개의 퀴즈를 풀었다. 이 연구는 피실험자 125명을 무작위로 나눠서 진행했다. 그런데 비싼 음료를 마신 사람들이 평균 약 세 개의 퀴즈를 더 풀었다. 비싼 음료를 마신 사람들이 더 좋은 효과를 느낀다는 건 단순히 기분 문제가 아니었다. 실제 퀴즈를 더 많이 풀었기 때문이다. 비싼 음료를 마시면 단지 기분만 좋아지는 것이 아니라, 정말로 정신이 각성되는 효과가 있었다.

또 다른 연구를 살펴보자. 2008년 리베카 웨이버^{Rebecca Waber} 미국 MIT 교수 연구진은 가격에 따라 진통제 효과가 달라진다는 연구 결과를 발표했다. 이 연구팀은 건강한 사람 여든두 명을 실험 대상으로 모집했다. 이들을 두 팀으로 나눠 한 팀에는 한 알에 정가 2.5달러짜리 진통제를 줬고, 다른 한 팀에는 할인된 가격으로 구매했다며 한 알에 0.1달러짜리 진통제를 줬다. 하지만 이 진통제는 진짜 약이 아니라 둘 다 가짜였다. 약 가격에 따라 플라세보 효과에 차이가 나는지를 알아보려 한 것이다.

연구진은 피실험자들에게 전기 쇼크를 가했다. 이때 고통을 느끼게 되는데, 진통제를 먹으면 전기 쇼크로 인한 통증이 줄어드는지를 조사했다. 2.5달러짜리 약을 먹은 사람 가운데 85.4% 가 통증이 감소했다고 응답했다. 0.1달러짜리 약을 먹은 사람들은 61%가 통증이 감소했다고 응답했다. 진통제는 모두 가짜였기 때문에 통증이 줄었다고 느낀다면 그건 플라세보 효과였다. 보통의 의약품 연구 실험처럼 여기에서도 굉장히 강한 플라세보 효과가 나타났다. 과반의 사람이 가짜 약을 먹고 진통 효과가 있다고 느꼈다. 그런데 진통제 가격에 따라 진통 효과가 다르게 나타났다.

0.1달러짜리 약을 먹은 사람들과 비교해 2.5달러짜리 약을 먹은 사람들의 진통 효과가 20% 이상 높았다.

좀 더 강한 전기 쇼크를 준 경우는 따로 구분해서 조사했다. 강한 전기 쇼크를 받아 통증이 더 컸을 때 2.5달러짜리 약을 먹은 사람 중 80.5%가 통증이 줄었다고 했고, 0.1달러짜리 약을 먹은 사람들은 56.1%가 통증이 감소했다고 응답했다. 같은 약이라도 비싼 가격의 약을 먹은 사람들은 진통 효과가 큰 반면, 싼 가격의 약을 먹은 사람들은 진통 효과가 작았다.

똑같은 패키지여행, 가격에 따라 만족도가 달라지다

이 효과를 패키지여행에 적용해보자. 같은 호텔에 묵고 같은 음식을 먹고 같은 관광지를 간다. 그런데 두 팀의 패키지 가격이 다르다. 그러면 비싼 가격을 주고 간 사람은 그냥 바가지를 쓴 걸까. 돈의 플라세보 효과에서는 그렇지 않다. 비싼 가격을 준 사람은 같은 호텔에 묵더라도 그 호텔이 좋고 편안하다고 느낀다. 같은 음식을 먹더라도 더 맛있다고 느끼고, 같은 관광지를 가더라도 더 좋은 곳이라고 생각한다.

같은 패키지 상품에 100만 원을 지불한 사람은 100만 원어치 만족도를 느끼고, 150만 원을 지불한 사람은 그만큼의 만족도를 느낀다. 같은 가방이라도 100만 원을 주고 산 사람은 100만 원의 효과를 보고, 200만 원을 주고 산 사람은 200만 원의 효과를 본다. 같은 상품이라도 그 상품에 얼마를 지불했느냐에 따라 효과가 달라지는 것이다.

그러니 같은 상품을 다른 사람이 자기보다 싼 가격에 구입했다고 속상해할 필요가 없다. 비싼 가격에 샀으면 그만큼 만족도가 높다. 그게 돈의 플라세보 효과다.

07

돈이 없으면 인연도 끊긴다

내가 참여하는 한 취미 모임이 있다. 그 모임에서 많은 역할을 하는 분이 있었는데 어느 날부터 모임에 참석하지 않는다. 단순히 모임에 나오지 않는 정도가 아니라 아예 단체 카톡방에서도 나갔다. 한두 달 후에 같이하기로 하고 예약까지 한 여행도 가지 못한다며 취소했다. 이는 무슨 일이 있는 것이다. '혹시 모임 멤버와 싸우고 틀어져서 나간 건가'라는 생각까지 들었다. 그런데 알고 보니 최근 사업이 굉장히 안 좋아져서 자금 흐름이 좋지 않고 모임에 나올 정신적 여유, 금전적 여유가 없단다. 단기적인 어려움은 아닐 것이다. 단기적 문제라면 모임 단체 카톡방에서 나갈 것까지는 없다. 단체 카톡방에서 나갔다는 건 사업의 어려움이 생활에도 큰 영향을 미치고 있다는 의미다.

안타깝다. 좋은 분인데 돈 문제 때문에 취미 활동을 멀리하고 사람들과의 관계까지 끊었으니 말이다. 그동안 챙겼던 주변 사람들을 더는 챙기지 못하고, 그동안 쌓아온 좋은 이미지마저 상처를 받을 것이다. 돈 문제는 단순히 돈이 없다는 데 그치지 않는다. 이렇게 인간관계에도 영향을 미친다.

남녀가 돈 떨어지면 헤어지는 이유

일본 유명 작가 다자이 오사무의 소설 《인간실격》에는 이런 말이 나온다.

> "'돈 떨어지는 날이 인연 끊어지는 날'이라는 속담이 있다. 그런데 이 말은 남자가 돈이 떨어지면 여자한테 버림받는다는 뜻이 아니다. 남자가 돈이 떨어지면 의기소침해지고 웃는 소리에도 힘이 없어지고, 괜히 비뚤어지거나 한다. 그래서 끝내는 여자와 헤어지게 된다."

여자는 돈 때문에 이 남자와 같이 있었던 것이 아니다. 자기를 좋아해주고 아껴줬기 때문에 같이 있었다. 하지만 남자가 돈이 떨어진 다음부터 자기를 대하는 태도가 달라졌다. 이전처럼 잘 대해주지 않고 신경질을 부리면서 함부로 대하기 때문에 결국 떠난다. 그러나 남자는 여자가 떠난 이유가 자신의 행태 때문이라고 생각지 않는다. 돈 때문이라고 생각한다. 돈이 있을 때는 여자가 옆에 있더니 돈이 떨어지니까 떠났다.

하긴 남자는 돈 때문에 여자가 떠났다고 생각하는 게 마음 편하다. 돈이 없어서 여자가 떠났다고 하면 헤어짐의 원인은 여자가 된다. 진정한 사랑을 모르고 돈만 밝히는 여자 때문에 관계가 끊긴다. 하지만 자기가 학대해서 여자가 떠났다고 하면 문제는 자신에게 있다. 내가 나쁜 놈이라서 관계가 끝났다는 결론밖에 안 나온다. 자기 마음의 행복을 위해서는 불행의 원인이 자신에게 있는 게 아니라, 상대방에게 있다고 생각해야 편하다. 그러니 관계가 끝난 이유는 어디까지나 돈 때문이라고 본다. 돈이 계속 있었다면 헤어지지 않았을 것이다.

이 남자의 생각도 맞다. 돈이 있을 때 이 남자는 괜찮은 사람이었다. 여자를 위하고 아끼는 보통 남자였다. 하지만 돈이 떨어지면서 이 남자는 변했다. 자신감이 없고 위축된다. 자신감이 없으니 다른 사람의 별것 아닌 말이나 행동에도 민감하게 반응한다. 그러다 보면 다른 사람과의 관계도 틀어진다. '돈이 있거나 없거나'와는 관계없이 자기 마음가짐, 행동이 일정하다면 문제가 되지 않는다. 다만 보통 사람은 그렇지 않다. 돈이 있을 때와 없을 때 생각과 행동이 달라진다. 돈이 있을 때 더 여유 있는 마음가짐이 되고, 다른 이들과의 관계도 원활하다. 돈이 없으면 여유가 사라지고 다른 이들을 대하는 태도도 좀 더 부정적으로 변한다.

돈에 여유가 있느냐 없느냐에 따라 이렇게 사람의 마음과 행동이 달라진다면 이런 가설이 성립하지 않을까.

"사람들과 좋은 관계를 유지하는 방법 중 하나는 돈을 버는 것이다."

좀 더 좋은 사람이 되고자 마음먹었다고 하자. 다른 이들을 배려하고 화내지 않는 성격을 가진 사람이 되고 싶다고 하자. 그런 사람이 되고 싶다면 어떻게 해야 할까. 인격 수양을 해야 할 것이다. 자신의 마음가짐과 행동을 살펴보고 점검하는 삶의 자세를 추구할 수도 있다. 또 명상도 방법이 될 수 있다. 그런데 그런 인격 수양 방법 중 하나로 돈을 많이 버는 것도 있지 않을까. 돈이 없으면 삶에 쉽게 민감해지고 걱정이 많아지며 다른 이들을 배려하기 힘들다. 하지만 돈에 여유가 있으면 타인을 생각할 수 있고 마음이 좀 더 부드러워지기도 한다. 돈이 이렇게 사람의 마음과 태도를 바꾼다면 돈을 버는 건 자기 수양의 한 방법이 될 수 있다.

구김살 없는 부잣집 아이들

영화 〈기생충〉에는 이런 대사가 나온다.

"[부자들은] 순진하고 사람을 잘 믿고 꼬인 데가 없어."

순진하고 사람을 잘 믿으며 꼬인 데가 없는 이는 좋은 사람이다. 타인에게 당하기 쉽다는 단점이 있지만, 어쨌든 절대적 기준으로 좋은 사람인 건 분명하다. 이런 사람이 되고자 산속에 들어가 정신수양을 하거나 종교 단체에 들어가 엄격한 수련을 할 필요는 없다. 그냥 부자가 되면 된다. 부자가 되면 타인을 잘 믿고 꼬인 데가 없는 사람이 될 수 있다. 드라마 〈나의 아저씨〉에는 이런 대사가 나온다.

"잘사는 사람은 좋은 사람 되기 쉬워."

잘사는 사람은 다른 이들을 도울 수 있기에 좋은 사람이 되기도 쉽다는 말이다. 그렇다면 역으로 좋은 사람이 되기 위한 방법 중 하나는 잘사는 사람이 되는 것이다.

자기 자신만 좋은 사람이 되는 데 돈이 도움이 되는 건 아니다. 아이들을 좀 더 좋은 아이로 키우는 데도 돈이 도움이 된다. 영화 〈기생충〉의 또 다른 유명한 대사 중 하나로 배우 송강호가 한 말이 있다.

"부잣집 애들은 구김살이 없어. 돈이 다리미야. 돈이 구김살을 쫙 펴준다니까."

자기 아이를 구김살 없는 아이로 키우고 싶다면 어떻게 해야 할까. 매일매일 아이를 붙잡고 정신교육을 시키면 될까. 심리상담사를 옆에 붙여 계속해서 심리상담을 하면 구김살 없는 아이가 될까. 친구들과 잘 지내도록 옆에서 계속 독려하면 될까. 그런 것도 방법이 될 수 있을 테다. 하지만 그것보다 더 확률 높은 방법이 있다. 부자가 되면 된다. 부자가 돼서 내 아이가 부잣집 아이가 되면 된다. 그러면 구김살 없는 아이로 자랄 가능성이 크다. 내가 돈을 버는 건 아이가 구김살 없이 자랄 수 있는 바탕을 만들어주는 가장 좋은 교육 방법이 될 수 있다.

물론 돈이 많다고 반드시 좋은 사람이 되거나, 자식이 구김살 없이 자라는 건 아니다. 이건 확률 문제다. 명문 대학을 나오면 삶이 좀 더 나아진다고 하지만, 명문 대학을 나왔다고 누구나 다 삶이 좋아지는 건 아니다. 명문 대학을 나오고도 못사는 사람, 평범한 대학을 나온 이들과 아무런 차이가 없는 삶을 사는 사람이 절대적으로 많다. 다만 명문 대학을 나오면 보통 대학을 나온 사람보다 더 나을 수 있는 가능성이 조금 클 뿐이다. 그 조금의 확률을 높이고자 학생들은 매일매일 공부하면서 명문 대학에 들어가기 위해 노력한다. 확률이 조금 높은 방법이 있다면 이건 충분히 노력하고 추구할 수 있는 길이다.

마찬가지로 돈이 충분하다고 항상 좋은 사람이 되는 건 아니다. 아이가 항상 구김살 없이 자라는 것도 아니다. 오히려 더 인색하고 까다롭고 버릇없고 세상 물정 모르는 아이가 될 수도 있다. 돈에 여유가 있을 때 좀 더 좋은 사람이 된다는 건 100% 확실하지 않다. 하지만 확률을 조금 높여주는 건 사실이다.

좋은 사람이 되려면 부자가 돼라

돈에 쪼들릴 때보다 돈에 여유가 있을 때 다른 사람을 돌아볼 확률이 좀 더 높다. 마음에 여유를 가지고 다른 사람의 행동에 날카롭게 반응하지 않을 확률이 좀 더 높다. 아이들이 구김살 없이 자랄 확률이 좀 더 높다. 좀 더 높은 확률, 이거면 우리가 노력하면서 추구할 이유로 충분하다. 돈을 더 벌고자 하는 게 단순히 욕심이 많아서라고 생각하지는 말자. 좀 더 좋은 사람이 되고자 마음먹었을 때 시도할 수 있는 몇 안 되는 효과적인 방법 중 하나가 돈을 많이 버는 것이다. 돈을 버는 건 좀 더 좋은 사람이 되기 위한 유용한 방법이기도 하다. 그래서 돈 벌기는 인격 수양의 한 방법이 될 수 있다.

2장

부자인데,
왜 그럴까

THE PSYCHOLOGY
of BIG MONEY

THE PSYCHOLOGY of BIG MONEY

<u>01</u>

부자들은 왜
주변 사람에게 냉담할까

부자 학부모가 있다. 학부모들은 만나면 서로 안부를 묻고 아이 키우는 이야기 등을 하며 친해진다. 그런데 부자 학부모는 다른 학부모들에게 물어보는 것이 없다. 다른 학부모들이 물어보면 대답은 하지만 "이건 어떠냐"고 먼저 물어보는 경우가 없다. 부자 학부모는 다른 사람들이 어떻게 살아가는지 관심도 없다. 도도하고 냉담하며 자기만 생각한다. 결국 비판의 대상이 된다.

"너 어느 대학교 다니니?"

이 이야기를 전해 듣고 조금 씁쓸해졌다. 자기 이야기를 스스로 하지 않고, 다른 사람들에게 개인 생활에 관한 질문을 하지 않는다는 점에서 조금 공감되는 부분이 있기 때문이다.

한국 사회는 '학벌 사회'라고 한다. 어느 대학을 나왔는지가 살아가는 데 굉장히 중요하다고 여겨지기 때문이다. 그런데 막상 서울대 출신은 의외로 타인의 학벌에 별 관심이 없다. 같이 몇 년을 일해도 상대방이 어느 대학을 나왔는지 잘 모른다. 관심을 보이지 않고 상대방에게 물어보지도 않는다. 조금 친해지더라도 "어느 대학 나왔느냐"고 묻지 않는 경우가 대부분이다. 상대방에게 관심이 없는 것이다. '서울대생은 상대에게 냉담하고 자기만 생각한다'는 인식도 이렇게 해서 생겨났다.

하지만 상황은 간단하지 않다. 대학생 시절 학교 밖에서 또래들을 만나면 어느 학교인지 묻는 경우가 많다. 서울대 학생이 다른 사람에게 먼저 학교를 물어봤다고 치자.

"너 어느 대학교 다니니?"

"난 ○○대."

대화가 여기서 끝나는 경우는 절대로 없다. 상대방도 똑같이 물어볼 것이다.

"넌 어디 다니니?"

"난 서울대."

이 순간 그 서울대생은 재수 없고 잘난 척하는 사람이 돼버린다. 대화의 흐름상 자기가 서울대생이라는 걸 자랑하려고 학교 이야기를 먼저 꺼낸 게 되기 때문이다.

상대방이 먼저 "너 어느 학교 다니니"라고 물어봤을 때 "난 서울대. 너는 어디 다니니"라고 대화가 진행되는 건 괜찮다. 이때는 "잘난 척한다" "학교 자랑한다"는 말은 나오지 않는다. 하지만 "어느 학교 다니니" "난 ○○대. 너는?" "난 서울대"라는 식으로 대화가 진행되면 이건 재수 없는 서울대생의 전형이 된다.

이 같은 경험이 쌓이면서 결국 서울대생은 학교에 대한 대화를 피하게 된다. 상대방의 학벌을 궁금해하지 않고 물어보지도 않는다. 그냥 관심을 끊는다. 즉 상대방이 물어보면 대답은 하지만 자기가 먼저 말을 꺼내진 않는 것이다. 다른 사람에게 관심 없는 냉담한 서울대생이라는 이미지는 이렇게 만들어진다.

부자도 마찬가지다. 인간은 서로 소통하고 교류하며 살아가는 존재다. 파생되는 문제가 없다면 다른 사람과의 대화를 꺼리지 않는다. 하지만 부자가 주변 사람들에게 이렇게 물어봤다고 치자.

"어디 사세요?"

"저는 ○○에 살아요. 댁은 어디 사세요?"

"저는 서울 강남 아파트에 살아요."

이 경우 부자는 자기 자랑을 하려고 사는 곳을 물어본 재수 없는 사람이 된다.

"어떤 차 모세요?"

"저는 ○○차를 몰고 다녀요. 댁은 어떤 차예요?"

"저는 포르쉐 몰아요."

그냥 궁금한 것을 묻고 솔직하게 대답했을 뿐이지만 이렇게 대화가 진행되면 절대 긍정적인 평가를 받지 못한다. 상대방이 먼저 질문하고 거기에 대답하는 경우는 그래도 괜찮다. 하지만 부자가 먼저 질문하고 나중에 "나는 강남 아파트에 살아요" "내 차는 포르쉐예요"라고 말하면 곤란해진다. 상대방에게 먼저 질문할 때 문제가 발생하는 만큼 '대화 참사'를 야기하지 않기 위해서는 말문을 먼저 열어서는 안 된다. 상대방에 대한 궁금증이 생기면 질문을 참기 힘들다. 그러니 처음부터 상대방에 대해 궁금해하지 않는 것이 상책이다. 관심을 꺼야 욕을 덜 먹는 셈이다.

같은 동네에 살더라도……

더 나아가 상대방이 질문해도 확실하게 대답하기보다 뭉뚱그려 말해야 한다. 사는 곳을 물었을 때 강남 고급 아파트 이름을 상세히 대답해선 안 된다. "강남에 산다"고 말해야 한다. "포르쉐를 몬다"고 하지 않고 "외제차를 탄다"고 말해야 한다. "프랑스 파리로 휴가를 다녀왔다"고 하지 않고 "해외여행을 다녀왔다"고 말해야 한다. 상대방은 "제주도 중문 어느 호텔에 휴가를 다녀왔다"고 솔직히 얘기하는데도 말이다. 부자는 대화를 잘 하지 않고 솔직한 모습을 보여주지도 않는다. 다른 사람과 소통을 피하고 자기만 아는 전형적인 부자의 모습이다. 부자 입장에서는 그 나름 솔직히 대화하면서 욕을 덜 먹는 방법을 찾은 것인데 말이다. "이번에 새로 나온 3억 원짜리 포르쉐 파나메라를 샀는데, 시트가 맘에 안 들어서 고민이야"라고 사실대로 말하면 더 욕먹기 때문이다.

부자와 부자 아닌 사람의 대화는 그렇다고 치자. 부자들끼리는 생각을 솔직하게 나눌까. 부자는 모여 살면서 자기들끼리 어울린다는데, 그들끼리는 궁금한 것을 자연스럽게 물어보며 솔직하게 대화를 나누지 않을까. 그럴 것 같지만 그렇지 않다. 이 글을 시작하면서 학부모 모임에서 자신을 잘 드러내지 않는 부자에 대해 얘기했다. 그런데 학부모는 보통 같은 동네 사람들이다. 같은 동네면 경제적 수준이 그래도 비슷한 편인데도 솔직한 대화가 쉽지 않다.

부자라도 다 같은 부자가 아니기 때문이다. 20~30억 원 부자와 50~60억 원 부자, 100억 원 부자 사이에는 엄청난 차이가 있다. 500억 원 부자, 1,000억 원 부자는 또 다르다. 서울 강남에 살면 외부에서 보기에 모두 같은 부자처럼 느껴지지만, 내부에서는 엄청난 격차가 있다. 월세·전세·자가에 따라 재산 차이가 크고, 평형에 따라서도 큰 격차가 있다. 30평형대냐 50평형대냐에 따라 몇십억 원 차이가 난다.

"집이 자가예요? 몇 평이에요?"

"저는 전세에, 30평형이에요. 댁은요?"

"저는 자가예요. 58평형이고요"

이러면 같은 강남 아파트에 산다 해도 질문한 사람은 잘난 척하는 재수 없는 사람이 돼버린다. 결국 궁금해하지 말고 물어보지도 말아야 한다. 상대방이 물어보면 대답할 뿐, 절대 먼저 얘기를 꺼내서는 안 된다. 상대방이 물어봐도 있는 그대로 "58평형에 대출받은 게 없다"는 식으로 말해서는 곤란하다. 그냥 "40~50평형 대예요"라고만 대답해야 한다.

"졸부는 잘난 척한다"

생각해보면 졸부가 원래부터 부자인 사람보다 더 욕먹는 것도 이런 이유 때문으로 보인다. 졸부는 갑자기 부자가 된 사람이다. 돈은 많아졌지만 부자의 언행은 잘 모른다. 부자가 아니었을 때는 주변 사람들과 "내 차가 ○○인데 고장 났어. 수리비가 50만 원이라는데 큰일이야"라는 식의 대화를 자연스럽게 했을 것이다. 그런데 부자가 되고 나서는 "내 차가 포르쉐인데 고장 났어. 수리비가 1,000만 원이라고 해서 큰일이야"라고 말하게 된다. 자신이 보기에는 부자가 되기 전후로 달라진 게 없다. 하지만 받아들이는 사람은 그렇지 않다. 보통 차에 수리비 50만 원은 그냥 대화지만, 포르쉐 수리비 1,000만 원을 얘기하는 것은 돈 자랑이 된다. 원래 부자, 오래전부터 부자는 이런 식으로 대화하면 안 된다는 것을 알지만 졸부는 모른다. 이전과 똑같이 주변 사람들에게 있는 그대로 솔직하게 얘기할 뿐이다. 결국 "진짜 부자는 잘난 척하지 않는데, 졸부는 잘난 척한다"는 비난을 받게 된다.

서울대생은 다른 사람들에게 어느 학교 나왔느냐고 묻지 않는다. 다른 사람에게 관심 없는 냉담한 모습처럼 보이지만 "잘난 척한다"는 비난을 받지 않기 위한 자구책이다. 부자도 다른 사람들에게 생활상을 묻지 않는다. 주변 사람에게 관심 없는 차가운 모습으로 보이지만 더 큰 욕을 먹지 않기 위한 자기 방어책이다. 이것이 진실에 좀 더 가깝다.

THE PSYCHOLOGY of BIG MONEY

02

네오포비아, 스티브 잡스가
블랙 티셔츠를 고집한 이유

나는 옷을 잘 못 입는다. 보통은 여행 다니면서 사온 기념품 티셔츠를 입고 다닌다. 어떤 게 좋은 옷이고 안 좋은 옷인지, 나에게 어울리는 스타일이 뭔지, 색깔을 맞춰 옷을 입는다는 게 뭔지 잘 모른다.

"이젠 패션에도 신경 좀 쓰지 그래."

오랫동안 알고 지낸 친구들은 이런 식으로 말한다. 몇 번 만난 사람들은 나의 이런 패션에 대해 '돈이 있으면서도 검소하게 산다' '쓸데없는 곳에 돈을 안 쓴다' '돈이 있다고 사치하지 않는다'는 식으로 생각하는 경향이 있다.

그런데 그런 평가를 들으면 좀 이상하다. 내가 돈을 아껴서, 사치하지 않으려고 이렇게 입고 다니나? 분명히 말해 그런 건 아니다. 그런데 돈이 있어도 쓸데없이 돈을 쓰지 않고 검소하다는 긍정적인 평가를 받는다. 그러고 보니 겸손한 부자는 허름하게 입고 다니고, 고급 외제차가 아닌 지하철을 주로 타고 다니며, 시장에서 몇백 원이라도 깎으려고 노력한다는 얘기를 많이 들어왔다. 좋은 부자는 부자가 됐다고 사치하지 않고 이전 소비 패턴에 큰 변화가 없다고도 한다. 물론 그런 부자가 있기는 하다. 그렇다면 그 부자가 정말 검소하고 사치하지 않아서 그런 걸까. 어쩌 아닌 것 같다.

부자가 된 후에도 부자가 아니었을 때의 생활 패턴을 그대로 가지고 있다면 그것은 어떤 생활 패턴일까. 부자가 아니었을 때 입었던 옷을 그대로 입고, 같은 음식들만 먹고, 또 같은 집에 살면서 같은 취미 생활을 한다면 부자가 됐다고 해서 사치하지 않고 검소한 생활을 하고 있는 것일까. 부자가 되기 전이나 후나 동일한 생활 패턴을 가졌으니 일관성 있는 사람이라고 칭찬해야 할까.

검소하게 생활하는 부자들

부자가 아니던 사람이 부자가 됐다면 분명 살고 있는 여건이나 환경이 바뀐 것이다. 사람은 환경의 영향을 받는 존재이고, 따라서 그렇게 주변 환경이 바뀌면 본인도 바뀌어야 한다. 그런데 바뀌지 않는다. 이런 일관성은 좋은 것일까.

그런 것 같지 않다. 부자가 됐음에도 이전과 똑같은 소비 패턴을 보이는 이유를 생각해보자. 그건 그 사람이 부자이기는 하지만 '네오포비아' 성향을 가졌기 때문일 수 있다. 심리학에는 사람들이 새로운 것에 어떻게 반응하느냐에 대한 것으로 '네오필리아neophilia'와 '네오포비아neophobia'라는 개념이 있다. 네오필리아는 익숙하지 않은 환경이나 새로운 것에 대한 긍정적 성향이고, 네오포비아는 익숙하지 않은 환경이나 새로운 것에 대한 부정적 성향이다. 네오포비아적인 사람은 새로운 것을 좋아하지 않고, 변화도 바라지 않는다. 그냥 기존에 익숙한 것만 계속하려 한다. 자기가 살던 곳에서 계속 살려 하고, 자기가 먹던 것만 먹으려 하며, 자기가 입던 옷만 계속 입으려 한다. 내가 보기에 부자가 된 후에도 소비 패턴이 변하지 않은 부자는 대부분 검소하게 살려고 해서가 아니라 네오포비아 성향을 지녔기 때문이다.

부자 가운데 네오포비아 성향을 지닌 이들이 있다는 데 대해 의문스러워하는 사람이 있을 것이다. 부자는 새로운 것을 좋아하고 시도하는 사람 아닌가. 아니다. 부자 중에는 새로운 것을 만들어 부자가 된 사람도 있지만, 오래전 자신이 발견한 돈 버는 원리를 바꾸지 않고 계속 반복하기만 해서 부자가 된 사람도 많다. 또 돈을 버는 데는 네오필리아 성향을 보이지만, 그 외에는 네오포비아 성향일 수도 있다. 스티브 잡스는 새로운 제품을 계속 만들어낸 대표적 혁신가였으나 옷은 똑같은 청바지와 블랙 티셔츠만 입었다. 옷에 대해서는 네오포비아였다. 자기가 관심 있는 부분, 돈을 버는 부분에서는 새로운 것을 받아들이지만, 돈 버는 것과 상관없는 생활 관련 부분에서는 아무 생각 없이 원래 하던 대로 했을 뿐이다.

생활비가 부족한 부자도 있다

생활 패턴은 그렇다 치고, 부자가 시장에서 먹거리를 사면서 몇백 원을 깎아달라고 하는 건 왜 그럴까. 여유가 없어서 생활비를 몇천 원이라도 아껴야 하는 사람은 깎아달라고 할 수 있고 또 그게 당연하다. 이게 대다수 사람이 물건값을 깎아달라고 하는 이유다. 하지만 부자는 돈 몇백 원, 몇천 원 여유가 없어서 깎아달라고 하는 것이 아니지 않나. 그렇다면 부자가 이런 데서 비싸다고 불평하며 물건값을 깎아달라고 하는 건 무슨 이유에서일까. 여러 가지 이유가 있을 수 있다.

첫째, 집은 부자인데 자기는 돈이 없는 경우다. 배우자가 돈을 많이 벌고 재산도 많다. 하지만 배우자가 자기에게 돈을 많이 주지 않는다. 생활비 200~300만 원만 준다. 그러면 자기는 이 돈으로 살림을 해야 한다. 해외여행을 가거나 가전제품을 사거나 명품 가방을 사거나 할 때는 따로 돈을 주기 때문에 이런 건 할 수 있다. 하지만 평소 생활비는 많이 주지 않는다. 그러면 이 사람은 생활비를 아끼면서 돈을 써야 한다. 부자라고는 해도 보통 사람과 생활은 똑같다. 시장에서 물건값을 깎아야 한다. 의외로 이런 사람이 많다. 한국에서 유명한 재벌가의 자식인데, 부모가 용돈을 거의 주지 않는다. 그럼 이 사람은 재벌가의 후계자라 해도 어디 가서든 1,000원, 1만 원을 아끼려고 할 수밖에 없다. 이 경우 부자이면서도 검소한 생활을 하는 게 아니다. 집이 부자이기는 하지만 자신은 돈이 없고, 그래서 검소하게 살 수밖에 없는 것이다.

둘째, 물건 파는 사람이 부당하게 비싼 가격을 부른다고 생각하는 경우다. 이 물건의 가격을 잘 아는데, 상대방이 그것보다 더 높은 가격을 부른다. 전에는 1만 원이었는데 지금은 1만 5,000원을 달라고 한다. 돈 5,000원이 문제가 아니다. 상대방이 바가지를 씌우려는 게 문제다. 아무리 돈이 많다고 해도 다른 사람이 나를 등쳐 먹으려 하는 건 그냥 넘어갈 수 없다. 인테리어 등을 할 때도 마찬가지다. 200만 원이면 충분한 것 같은데 250만 원을 달라고 한다. 적정 가격이라는 게 있는데, 이보다 높은 가격을 부른다. 그러면 그 돈을 다 줄 수 없다. 깎아야 한다. "비싸요. 200만 원으로 하시죠"라며 가격 협상을 시도한다. 이 경우 큰 부자인데도 50만 원을 절약하기 위해 가격을 깎으려 하는 검소한 부자라고 봐서는 안 된다. 부자든 아니든, 상대방으로부터 부당한 대우를 받지 않으려는, 바가지를 쓰는 호구가 되지 않으려는 노력일 뿐이다. 그리고 개인적으로는 이런 이유로 이뤄지는 협상을 좋아하지 않는다. 이건 상대방이 나를 속이거나 부당이득을 취하려 한다는 발상을 전제로 한다. 상인이 제값을 받는다고 생각하면 이런 가격 협상은 없다. 제값이 아니라 높은 가격을 부른다고 생각하기 때문에 가격을 깎으려 하는 것이다. 원래 가격보다 높은 가격을 부르는 상인도 문제고, 미리부터 이 상인이 바가지를 씌우려 한다고 생각하는 소비자도 문제다. 사회와 인간을 부정적 시각으로 보는 것이다. 물건값 깎는 것을 돈을 아끼려 한다는 긍정적 현상으로만 볼 수 없는 이유다.

가격 흥정은 게임!

셋째, 물건값 깎는 것을 하나의 과정으로 보는 경우다. 돈을 아끼는 게 목적이 아니라, 매매 과정에서 가격 협상은 당연히 있어야 한다고 생각하는 것이다. 시장에서 상인이 물건값을 "1만 원이에요"라고 할 때 1만 원을 다 주고 사는 사람은 거의 없다. 1만 원을 부르면 "1,000원 깎아주세요" "좀 깎아주세요" 등의 말이 당연히 나온다. 가격 협상은 거래할 때 당연히 하는 일이다. 상인은 상대방이 그렇게 깎아달라는 것을 미리 예상하고 원래 8,000원짜리인데 1만 원을 부른다. 1만 원을 부르고 상대방이 깎아달라고 하면 그 요구를 받아들이는 척하면서 8,000원을 받는다. 상대방이 깎아달라고 하지 않고 그냥 내려고 하면 "특별히 깎아줄게요"라며 8,000원만 받기도 한다. 이 경우 가격 흥정은 일종의 게임이고 레저다. 서로 줄다리기를 하면서 누가 흥정을 더 잘하는가 하는 엔터테인먼트다. 이 경우 부자가 1,000원, 2,000원을 아끼려 노력한다고 봐서는 안 된다. 부자들은 이런 행동을 돈을 아끼려고 하는 게 아니라, 재미로 하는 것이다.

허름한 옷을 입고 다니는 부자, 1,000원을 깎으려고 애쓰는 부자, 나는 그런 부자가 좋은 부자인 줄 알았다. 하지만 그런 것 같지 않다. 부자는 됐지만 변하지 않는 사람, 마음의 여유가 없는 사람, 잘사는 게 목적이 아니라 돈을 쌓는 게 목적인 사람이 그렇게 돈 안 쓰는 부자가 되는 것이 아닌가 싶다. 지금 내 시각에서는 그런 부자가 별로 좋아 보이지 않는다.

THE PSYCHOLOGY of BIG MONEY

03

100억 자산가가 입석 끊어
기차 바닥에 앉아 간 이유

'레드 스니커즈red sneakers 효과'라는 게 있다. 프란체스카 지노
Francesca Gino, 실비아 벨레자Silvia Bellezza 교수 등 미국 하버드대 경영
대학 연구팀이 2013년 제시한 것으로, 부자의 서민 취향에 관한
이론이다. 고가 명품 매장에 값비싼 정장과 가죽 코트를 입은 사
람이 손님으로 들어왔다. 또 어떤 사람은 그냥 헬스장에서나 입을
법한 운동복을 입고 들어왔다. 이 둘 중 누가 더 부자이고, 명품
을 살 가능성이 클까. 대부분 정장과 코트를 입은 사람이 더 부자
일 것이라고 예측했다. 하지만 명품 브랜드숍에 근무하는 이들은
낡은 운동복을 입고 온 사람이 더 부자일 가능성이 크다고 판단
했다. 낡은 운동복을 입고 온 사람의 행동이 좀 어색하다면 그는
부자가 아니다. 하지만 고급 명품 매장 안에서 행동에 아무런 스

스럼이 없다면 그는 오히려 부자일 가능성이 크다.

부자의 서민 취향, 레드 스니커즈 효과

한 대학 교수가 수염도 안 깎은 채 티셔츠 차림으로 강의를 한다. 다른 교수는 단정한 모습에 정장을 입고 강의를 한다. 학생들은 둘 중 누가 더 실력 있는 교수라고 판단할까. 대부분 정장을 입고 강의하는 교수가 더 실력이 있다고 판단했다. 그런데 명문 대학에 서는 달랐다. 명문 대학에서는 수염을 안 깎은 채 티셔츠 차림으로 강의하는 교수가 더 실력이 있다고 봤다. 모두가 정장을 입고 참석한 어느 공식 모임에서는 강사가 빨간 운동화를 신고 강연을 했다. 그랬더니 많은 참석자가 그를 더 능력 있고 지위가 높은 강 사라고 판단했다.

소위 부자의 서민 취향이다. 고급 명품을 휘감은 사람보다 서 민 취향을 드러내는 부자가 진짜 부자이고 자신감도 더 크다. 또 이런 부자의 서민 취향은 주변 사람들에게 '소탈하다' '명품에 신 경 안 쓴다' 같은 긍정적인 인식을 심어주기도 한다. 이런 인식을 레드 스니커즈 효과라고 한다. 그렇다면 정말 부자의 서민 취향이 독특하고 별나며, 부자로서 특별한 자신감을 표현하는 것일까. 조 금 다른 것 같다. 이건 부자가 특별히 서민 취향을 가졌다기보다 서민 취향을 가진 보통 사람이 나중에 부자가 됐을 때 일상적으로 드러내는 모습이기 때문이다.

최근 주말에 경기 가평에 갈 일이 있었다. 차를 운전해서 가도 되지만, 주말에 서울과 춘천을 오가는 도로는 굉장히 막히곤 한다. 목적지가 가평 기차역 근처라서 그냥 기차를 타고 갔다 오기로 했다. 왕십리역에 도착해 가평 가는 ITX(도시간 특급열차) 기차표를 끊으려고 보니 자리가 없었다. 모두 매진이었다. 주말 ITX 기차는 거의 매진이라 미리 예매를 해야 한단다. 방법이 없나 살펴보니 입석이 있었다. 입석표를 끊고 기차를 탔다.

입석 칸에 서서 가다 보니 지하철은 정류장마다 다 서지만 ITX 기차는 청평, 가평 등 주요 역에만 정차했다. 문이 거의 열리지 않았고, 승객이 타고 내리는 일도 없었다. 그러다 보니 몇몇은 그냥 기차 바닥에 앉아서 가기도 했다. 나도 입석 칸 바닥에 앉았다. 문에 기댄 채 바닥에 앉아 책을 읽기 시작했다. 그러다 문득 한 생각이 지나갔다.

'100억 자산이 있는데도 기차 바닥에 앉아서 가고 있네. 사람들은 100억 자산가가 기차 바닥에 앉아서 간다는 걸 생각할 수 있을까. 이걸 믿을까.'

그리고 또 이런 생각도 지나갔다. '나는 분명 부자라고 할 만한 자산이 있는데, 왜 이러고 다니는 것일까.'

레드 스니커즈 효과가 떠올랐다. 부자가 서민 취향을 드러내면 부자 티를 안 내는 소탈한 사람으로 보인다는데, 나는 그런 걸 바라고 이러고 다니는 것일까. 그럴 리가 있나. 기차에 나를 아는 사람이 하나도 없는 만큼 나를 소탈한 부자라고 생각할 사람도 전혀 없다. 그냥 기차 바닥에 앉아 가는 초라한 아저씨로 볼 뿐이다. 내가 기차 바닥에 앉은 이유는 하나다. 이전에 많이 해본 '짓'이기 때문이다. 내가 대학생이던 시절, 기차 바닥에 앉아 가는 일은 일상이었다. 이전에 자연스럽게 많이 한 행동이고, 그래서 지금 주저 없이 기차 바닥에 앉는다. 부자가 서민 취향을 가진 게 아니라, 서민 취향을 가진 서민이 나중에 어쩌다 부자가 된 것이다. 어려서부터 몸에 익은 취향은 잘 변하지 않는다. 서민 취향을 가진 부자로 포지셔닝하려는 게 아니라, 그냥 하던 대로 행동할 뿐이다.

싸구려 햄버거를 좋아한 어느 재벌 회장

어떤 재벌 회장의 이야기다. 재벌 회장이 외국 호텔에 묵을 때 저녁 식사로 햄버거가 먹고 싶어 직원에게 햄버거를 사와 달라고 했다. 그런데 직원은 재벌 회장이 설마 값싼 햄버거를 먹겠느냐면서 고급 스테이크를 사왔다. 하지만 재벌 회장은 정말로 햄버거가 먹고 싶어서 햄버거를 주문한 것이었다. 서민 코스프레를 한 것도 아니고, 낯선 외국에서 고급 스테이크를 구하는 게 힘들 테니 직원의 수고를 덜어주려고 한 것도 아니다. 하지만 직원은 재벌 회장이 그런 싸구려 음식을 먹고 싶어 할 리가 없다고 생각했고, 또 재벌은 비싸고 좋은 음식만 먹을 거라고 생각해 스테이크를 사왔다.

이 재벌 회장이 처음부터 재벌 회장이었다면 싸구려 음식인 프랜차이즈 햄버거를 먹어보지도 않았고 좋아할 리도 없을 것이다. 하지만 그는 처음부터 재벌이 아니었다. 고학으로 대학을 졸업한 뒤 직장 생활을 하다가 성공해 재벌 회장이 됐다. 이전에 프랜차이즈 햄버거를 먹으면서 일했던 그는 그래서 햄버거를 좋아했다. 부자가 서민 취향을 가져서, 또는 서민 코스프레를 하려고 햄버거를 찾은 게 아니고, 원래부터 햄버거를 먹어왔을 뿐이다.

내가 아는 몇몇 부자는 골프장에 가면 머루, 살구 등을 나무에서 따곤 한다. 골프장에 있는 과수 열매는 누가 따 가는 게 아니라, 다 익으면 바닥에 떨어져 썩는다. 이걸 어떻게 그냥 내버려두냐면서 과일을 따곤 한다. 같이 골프 치는 사람들이 왜 그런 걸 따느냐고 해도, 캐디가 그럴 필요 없다고 해도 과일 따기에 열심이다.

이 사람들의 공통점이 있다. 지금은 부자지만 어렸을 때 시골에서 자랐다는 점이다. 그래서 어려서부터 이런 걸 많이 따봤고, 이런 걸 따는 게 습관화돼 있다. 이대로 그냥 두면 나무에 매달린 채 썩을 테니 그냥 두고 볼 수가 없다. 서울에서만 살아온 사람이나, 과일을 마트에서만 구입해온 사람한테 나무에 달린 과일은 그저 관상용일 뿐이다. 반면 시골에서 자란 사람에게는 그냥 내버려둘 수 없는 소중한 식량이다. 그래서 지금은 부자가 됐지만 어려서 배우고 익힌 대로 이런 과일을 보면 부지런히 딴다. '부자가 왜 저러나' '서민 코스프레인가'라고 생각하는 이들도 있겠지만, 그 사람에게는 그냥 일상적인 일일 뿐이다.

사람들은 부자를 그냥 부자 카테고리로만 생각한다. 하지만 내가 보기에 부자에도 굉장히 많은 카테고리가 있다. 20~30억 원 자산가, 50억 원 자산가, 100억 원 자산가, 200억 원 자산가는 완전히 다르다. 사고방식도, 생활양식도 천양지차다. 그리고 부모가 부자라 어려서부터 부자였던 사람과 나이 들어 부자가 된 사람도 완전히 다르다. 어려서부터 부자였던 사람은 취향도 고급스럽다. 하지만 자수성가한 사람은 그렇지 않다. 취향 가운데 별로 바뀌지 않는 것들이 있다. 음악은 10대, 20대 때 좋아했던 음악을 평생 듣게 마련이다. 음식은 어려서 좋아했던 음식을 나이가 들어서도 계속 찾게 된다. 또 어려서부터 했던 행동은 사회에서 금기시된 것이 아닌 한, 나이 들어서도 계속하게 된다. 어려서부터 부자였던 사람은 취향도 좀 고급스럽다. 그런 사람은 서민 취향을 그리 좋아하지 않는다. 이런 사람이 서민 취향을 보인다면 그건 전략이다. 마음속에서 좋아하는 건 아니지만, 다른 이들에게 좋은 인상을 주려고 전략적으로 행동하는 것이다. 레드 스니커즈 효과는 사실 이런 전략적 행위로서의 서민 취향을 가리킨다.

그래서 부자의 서민 취향은 잘 구분해야 한다

다만 자수성가한 부자의 서민 취향은 다르다. 레드 스니커즈 효과를 원해서 서민 취향을 드러내는 게 아니라, 그냥 취향이 그런 것이다. 원래 기차 바닥에 앉아서 다녔고, 햄버거를 좋아했으며, 산과 들에서 과일을 따면서 살아왔다. 외부 시선으로 보면 부자의 서민 취향이라고 칭찬받을 수도 있고, 서민 코스프레라고 비난받을 수도 있다. 하지만 부자가 아니었다가 부자가 된 사람에게 이건 부자의 서민 취향, 서민 코스프레가 아니다. 원래 그런 사람일 뿐이다. 원래부터 부자였던 사람의 서민 취향과 부자가 아니었다가 나중에 부자가 된 사람의 서민 취향은 그 성격이 완전히 다르다. 그런 점에서 부자의 서민 취향은 구분될 필요가 있다.

THE PSYCHOLOGY of BIG MONEY

04

투자자는 '공돈' 10억보다 투자수익 2억에 더 큰 희열을 느낀다

고등학교 친구를 만났다. 이런저런 얘기를 하다가 그 친구가 나에게 이런 말을 했다.

"내가 너라면 아무것도 안 하고 그냥 돈이나 쓰면서 놀기만 할 텐데……. 그런데 넌 아직도 뭘 계속 하려고 하는 것 같아."

순간적으로 아무 말도 나오지 않았다. 이 친구의 말이 맞다. 나는 아직도 뭘 더 하려 하고 또 실제로 하고 있다. 현 수준에 만족하지 못해 돈을 더 벌려 한다. 친구 말을 들으면서 처음 든 생각은 내가 가진 것에 만족하지 못하고 계속 돈을 추구하는 욕심쟁이가 아닌가 하는 것이었다. 친구 말대로 그냥 돈을 쓰면서 편하게 살면 되는 거 아닌가. 먹고살 충분한 돈이 있는데도 계속 돈, 돈거리면서 돈을 벌려 하는 건 만족할 줄 모르는 욕심 많은 사람이

나 하는 짓이다. 어린이 동화에 나오는 전형적으로 돈만 아는 욕심쟁이다. 내가 그런 사람이었나. 내가 잘못 살고 있는 건가.

노후 걱정 없는 파이어족이 되었지만……

일하지 않아도 살아갈 수는 있지만, 아무 생각 없이 돈을 쓰기만 해도 될 만큼의 돈은 아직 없어서 여전히 돈, 돈 거린다고 볼 수도 있다. 내가 파이어족이 된 처음에는 분명 그랬다. 파이어족은 일하지 않아도 살 수 있다는 의미이지, 하고 싶은 것을 마음대로 할 만큼 돈이 있다는 뜻은 아니다. 아무 생각 없이 돈을 쓰면서 놀기만 할 수는 없었다. 그런데 지금은 상황이 좀 달라졌다. 미국 주식이 오르고, 부동산도 오르고, 비트코인도 오르면서 재산이 더 늘었다. 이제는 정말 아무 생각 없이 돈을 쓰기만 해도 된다. 마음먹고 일부러 낭비하거나 의도적으로 사치한다면 물론 돈이 부족할 것이다. 하지만 그런 의도적 낭비 없이 일상생활 수준에서는 친구 말마따나 그냥 돈을 쓰면서 놀기만 해도 된다. 그런다고 돈 없는 노후가 되지는 않는다.

이런 상태에서도 나는 뭔가를 하려 한다. 돈을 벌 수 있는 길을 찾고, 여전히 투자서를 읽는다. 오히려 이전보다 더 돈, 돈 거린다. 예전에는 직장 일을 하느라 돈, 돈 할 시간이 없었다. 지금은 아무 일도 안 하니까 돈, 돈 거릴 시간이 많다.

스스로 돌아본다. '나는 정말 돈밖에 모르는 수전노가 된 건가.' '나 자신에게 만족하지 못하고 더 많은 돈만 요구하는 욕심쟁이가 된 건가.' '즐길 줄 모르고 버는 것만 추구하는 인간인 건가.'

좀 다른 것 같다. 사람은 누구나 행복을 추구한다. 나도 마찬가지다. 더 즐겁고 행복한 일을 하려 한다. 그러면 질문. "돈을 쓰는 일과 버는 일 중 뭐가 더 재미있을까."

많은 사람에게 이 질문의 답은 분명하다. '돈을 쓰는 일'이 더 재미있다. 가지고 싶은 것을 소유하는 것, 해보고 싶은 것을 하는 것, 가고 싶은 곳에 가는 것, 만나고 싶은 사람을 만나는 것, 도와주고 싶은 사람을 돕는 것 등 돈을 쓰면 그동안 자신이 원하던 일들을 할 수 있다. 마음대로 쓸 돈이 없어서 못할 뿐이다. 마음대로 써도 되는 돈이 있어서 정말로 마음대로 쓴다면 그것만큼 만족도 높은 일도 없다. 돈 걱정 없이 매일매일 친한 사람들을 만나 먹고 마시고 노는 삶, 정말 재미있지 않은가.

반면 '돈을 버는 일'은 재미가 없다. 일단 좋아서 하는 일이 아니고 누가 시켜서 하는 일이다. 먹고살려면 돈이 있어야 해서 돈 버는 일을 하는 것일 뿐이다. 돈을 버는 것 자체가 목적이 아니라, 그렇게 번 돈을 쓰는 게 목적이다. 가끔 자기는 직장 업무가 좋다고 말하는 사람이 있다. 하지만 아무리 직장 일이 좋다고 해도 그 일을 하는 진짜 이유는 거기서 돈이 나오기 때문이다. 돈을 주지 않아도 직장 일 자체가 좋다면서 그냥 나가서 일할까. 그 정도 수준이 아닌 한 돈보다 일을 더 좋아하는 건 아니다. 돈을 벌려고 일하는 것이고, 돈을 버는 목적은 돈을 쓰기 위해서다. 돈 쓰기와 돈 벌기를 비교하면 당연히 돈 쓰기가 더 재미있고 행복하다.

돈은 쓰는 게 재미 아닌가?

직장인, 즉 월급을 받는 사람에게는 그렇다. 돈 벌기보다 돈 쓰기 가 더 재미있다. 그런데 월급을 받는 게 아니라 자기가 스스로 돈을 만들어내는 사람은 그렇지 않다. 돈 버는 방법에는 두 가지가 있다. 하나는 자신의 노동력을 제공해서 다른 사람으로부터 돈을 받는 방법이다. 직장인, 개인사업자는 대부분 이 방법으로 돈을 번다. 다른 하나는 다른 사람으로부터 돈을 받는 게 아니라 스스로 돈을 만들어내는 방법이다. 투자자, 사업가는 대부분 이렇게 돈을 번다.

투자자가 돈을 번다는 건 어떤 방식일까. 일단 어떻게 투자해야 돈을 벌 수 있는지를 판단해야 하고, 또 어떤 아이템이 잘될지, 사고파는 시점을 어떻게 해야 할지에 대한 판단도 필요하다. 이 모든 것이 제대로 이뤄졌을 때 돈을 벌 수 있다. 즉 투자자는 자신의 사고방식, 판단, 운 등이 모두 맞아야 돈을 벌 수 있는 것이다. 돈을 벌었다는 건 자신의 그런 판단과 행동이 모두 제대로 이뤄졌다는 의미다. 사업가도 마찬가지다. 아이템 선정부터 직원 채용, 내부 운영, 외부 사업자와 협의 등 모든 게 다 제대로 돼야 큰 수익이

날 수 있다. 그중 뭐 하나만 잘못돼도 돈을 벌 수 없다. 사업으로 큰돈을 벌었다는 건 자신의 판단, 행동, 실행 등이 모두 제대로 이뤄졌고 큰 실수나 잘못이 없었다는 방증이다.

투자자나 사업가는 돈을 쓰는 게 더 재미있을까, 돈을 버는 게 더 재미있을까. 직장인이 일해서 돈을 버는 건 노동의 대가다. 당연히 돈을 버는 것보다 쓰는 게 더 재미있다. 하지만 투자자나 사업가처럼 스스로 돈을 만들어내는 단계에서는 얘기가 달라진다. 여기서 돈을 벌었다는 것은 자신의 판단, 생각, 행동, 운 등이 모두 제대로 맞아떨어졌다는 뜻이다. 내가 틀리지 않았다, 내가 맞았다, 행운이 내 편이었다는 느낌을 준다. 이런 느낌을 받으면 굉장히 기분 좋다. 그래서 이 단계에서는 돈을 쓰는 것보다 돈을 버는 게 훨씬 더 재미있다.

자기 판단이나 생각이 맞았다는 느낌보다 그냥 돈이 더 많이 들어오는 게 좋지 않을까. 그렇지 않다고 본다. 그냥 돈이 더 좋은 거라면 투자나 사업으로 10억 원을 벌거나, 증여나 상속을 받아서 10억 원이 생기거나 똑같이 좋아야 한다. 투자나 사업으로 5억 원을 버는 것보다 증여나 상속으로 10억 원을 받는 게 훨씬 더 좋아야 한다. 하지만 실제로는 증여나 상속으로 10억 원을 받는 것보다 자기 스스로 5억 원을 버는 것이 훨씬 행복하다. 아니, 5억 원까지도 아니다. 자기 스스로 번 2억 원은 누가 준 돈 10억 원보다 훨씬 큰 즐거움을 준다. 돈 자체가 중요한 게 아니다. 스스로의 힘으로 돈을 벌었다는 것, 자기 생각과 판단, 행동이 맞았다는 느낌이 더 중요하다.

이것을 알고 나니, 그동안 많은 사업가가 자신은 돈보다 사업 자체, 일이 더 좋다고 말한 것이 이해가 됐다. 성공한 사업가는 보통 이렇게 말하곤 한다.

"돈은 중요하지 않다. 사업하고 일하는 자체를 좋아한다."

한국이나 미국 어느 나라에서든 성공한 사업가는 이런 식으로 말한다. 사실 예전에는 별로 귀담아듣지 않았다. 이런 사업가들이 인터뷰에서 "나는 사업보다 돈이 중요하다"고 말할 수는 없지 않은가. 그렇게 대답했다간 사람들로부터 엄청난 비난을 받게 될 것이다. 그래서 그냥 립서비스로 하는 얘기라고 생각했다. 그런데 이제 보니 그게 솔직한 자기 마음인 것 같다. 돈 자체보다 돈을 버는 과정, 거기서 삶의 재미와 행복을 더 느낄 수 있다. 직장인이 아니라 돈을 만들어내는 투자자와 사업가 입장에서는 정말로 돈 버는 과정 자체가 삶의 의미일 수 있다.

알고 보면 돈 버는 재미도 아주 쏠쏠하다

돈을 쓰는 게 더 재미있나, 돈을 버는 게 더 재미있나. 많은 사람에게는 돈을 쓰는 게 더 재미있다. 하지만 돈을 버는 게 더 재미있는 사람도 분명 존재한다. 이런 사람은 돈 자체가 목적인 수전노, 욕심쟁이가 아니다. 돈 버는 과정에서 얻을 수 있는 자신감, 자기

충족감이 돈 쓰는 재미보다 더 좋은 것이다. 다음에 고등학교 친구를 만나면 그렇게 얘기해줄 생각이다. 내가 아직도 뭔가를 계속하려고 하는 건 돈만 추구하는 욕심쟁이라서가 아니라 돈 버는 과정에서 얻는 재미가 더 좋아서라고.

THE PSYCHOLOGY of BIG MONEY

THE PSYCHOLOGY of BIG MONEY

05

노인들은 왜 돈을 안 쓰고
묵힌 채 세상을 떠날까

아는 어른이 여든이 넘어 가족 간 상속 재산을 분배하면서 양자
택일을 해야 하는 상황에 놓였다. 현금 4억 원을 한꺼번에 받기,
150만 원 정도를 매달 받기. 나는 그분이 현금 4억 원을 선택하지
않을까 생각했다. 평생 4억 원이라는 큰돈을 만져본 적이 없는 분
이었기 때문이다. 그만한 돈을 보유할 기회가 생겼으니, 당연히 현
금 4억 원을 선택하리라 짐작했다.

그러나 선택은 의외였다. 억 단위의 큰돈은 필요 없다고 했다.
"이 나이에 그 돈을 가져서 뭘 할 건가. 집을 살 것도 아니고, 차를
살 것도 아니고, 사업을 할 것도 아닌데. 그 돈을 가져봤자 통장에
넣고 죽을 때까지 그냥 두기밖에 더 하겠냐." 몇억이라는 돈을 보
유하는 건 그분 선택지에 아예 없었다. 그렇다고 매달 150만 원이

들어오는 걸 원하느냐, 그것도 아니었다. 그분은 이미 공무원 연금으로 매달 200만 원씩을 받고 있어 생활에 별 부족함이 없었다. 그러니 매달 150만 원이 더 들어온다고 달라질 게 뭐가 있겠나.

더 비싸고 맛있는 음식을 자주 사 먹을 수 있지 않냐고? 나이가 들면 맛집 찾아다니는 것도 일이다. 젊을 때는 그런 수고를 마다하지 않지만, 여든 정도 나이에는 주로 집밥을 먹고, 밖에서 먹더라도 집 근처 평소 다니던 식당만 간다. 색다르고 특별한 음식? 맛은 있을지 몰라도 안 먹던 음식을 먹으면 소화가 안 돼 고생할 확률만 높아지는 나이다. 여행 가서 돈을 쓰면 되지 않냐고? 이런 생각도 보통은 70대까지다. 80대가 되면 어디를 가려고 할 때 몸이 괜찮을까 하는 걱정이 앞서기 마련이다. 큰 결심을 하고 어쩌다 갈 수는 있겠지만, 그건 정말 어쩌다 한 번 있는 일이다.

매달 150만 원이 더 들어오면 그 돈을 써야 의미가 있다. 그런데 돈을 쓰려면 지금 생활에 뭔가 변화가 생긴다. 여든 넘은 나이에 그런 변화는 필요 없다. 더는 변화가 싫은, 보수적이고 고루한 사람이 되기 때문이 아니다. 80대의 변화는 몸에 큰 무리를 줄 수 있다. 하루 몇백 미터만 더 걸어도 다리에 무리가 된다. 평소보다 조금만 더 먹어도 소화를 걱정해야 한다. 그대로 살기를 원한다. 그러니 그것이 얼마이든 필요 없는 것이다. 하지만 상속 재산 정리를 위해 어떤 식으로든 돈을 분배해야 했고, 그분은 돈이 훗날 어렵게 사는 자식이나 손자에게 가기를 원했다. 이 과정을 지켜보면서 알게 된다. 나이가 들면 정말 돈을 안 쓰는구나. 돈 많은 노인이 돈을 쓰지 않고 그냥 갖고만 있는 이유가 그래서구나.

한국 순자산의 40%도 노인이 가지고 있다

노인들이 돈을 쓰지 않는 것은 최근 선진국의 주요 경제 문제 중 하나다. 미국에서는 베이비붐 세대가 은퇴하기 시작했을 때 이들의 소비가 늘면서 경제가 활황을 이룰 것이라고 봤다. 베이비붐 세대는 풍부한 노후자금을 갖고 있기 때문이다. 젊어서는 일하고 가족을 부양하느라 돈 쓸 시간이 없었지만 은퇴하면 시간이 많다. 돈도 있고, 시간도 있으면 소비를 많이 하지 않겠나. 그래서 노인 대상 실버산업이 각광받았다. 그런데 실제로는 달랐다. 은퇴한 노인들은 돈을 잘 쓰지 않았다. 계속 저축하고 묵히기만 했다. 이는 미국만의 현상이 아니다. 노인 세대가 어느 정도 재산을 가진 선진국들의 공통 현상이다. 일본에서도 큰 재산을 가진 노인들이 돈을 쓰지 않고 부자로 죽는 것이 사회문제가 되고 있다.

돈은 계속 돌아야 경제에 긍정적 영향을 미친다. 노인들 수중에 들어간 돈이 유통되지 않고 쌓여만 있으면 좋을 게 없다. 일본 정부는 노인들 돈이 시중에 풀릴 수 있도록 여러 정책 방안을 내놓았지만 여전히 일본 노인들은 돈을 쓰지 않고 부자인 채로 죽는다.

한국에서도 이런 현상이 강해지고 있다. 국가 전체 순자산의 40% 넘는 돈을 만 60세 이상 노인이 보유하고 있다. 그리고 이

액수는 점차 증가하는 추세다. 만 60세 이상이 보유한 순자산은 2022년 3,658조 원에서 2023년 3,856조 원, 2024년 4,307조 원으로 늘었다. 비율로 따지면 2023년에 전년 대비 5.4%, 2024년에는 11.7% 증가했다. 한국 경제성장률이 연 2% 정도인데, 같은 기간 노년층 자산이 10% 넘게 증가했으니 한국의 부는 노인층에 몰리고 있다 해도 과언이 아니다.

노인들이 소비, 투자 활동을 활발히 하면 경제 전반에 큰 도움이 될 것이다. 본인이 가진 돈을 충분히 잘 쓰고 많은 것을 경험하면 훨씬 행복할 것 같은데, 왜 노인들은 돈을 안 쓰는 걸까.

이에 대해 가장 보편적으로 통하는 답은 '언제 죽을지 모른다는 불확실성'이다. 75세까지 살 것으로 예상해 돈을 다 쓰면서 화려하게 살았는데, 막상 그 나이에 죽지 않고 건강하면 어떻게 해야 하나. 그러면 '인생 3대 불행'으로 불리는 '노년 가난'이 시작된다. 노년에 돈이 없어 가난을 겪으면 그 전에 아무리 풍요롭게 살았더라도 성공한 인생이라고 하기 어렵다. 언제까지 살지는 아무도 모른다. 그러니 지금 돈을 낭비하면 안 된다고 생각하는 것이다.

그런데 이건 재산이 일정 규모 이하인 경우에만 해당하는 얘기다. 노후자금이 10억 원가량 있는 노인은 향후 몇십 년을 더 살수도 있기 때문에 돈을 아껴야 한다. 하지만 자산이 몇십억 원을 초과하면 예상보다 오래 산다고 해도 빈털터리가 될 염려가 없다. 그 정도로 돈이 있으면 걱정 없이 쓰면서 살아도 될 것 같은데, 그래도 안 쓰는 것이다.

부자 노인은 '돈 못 쓰는' 부자

요즘 내가 느끼는 건 나이가 들면 그냥 돈을 쓰기가 쉽지 않다는 점이다. 돈을 쓴다는 건 새로운 경험을 의미하는데, 나이가 들수록 도전과 변화가 어려워진다. 젊어서는 새롭게 운동을 시작해 다리가 부러져도 몇 달 깁스만 하면 되지만, 나이 들어 새로운 운동을 하다가 다리가 부러지면 평생 침대에 누워 살아야 할 수도 있다. 그런 위험을 감수하고 변화를 시도하기는 어렵다.

그래서 부자가 되기 가장 쉬운 시기는 노년이다. 청년, 중장년 때는 아무리 절약하려 해도 돈 쓸 일이 계속 생긴다. 아무리 돈을 많이 벌어도 늘어나는 지출 탓에 돈 모으기가 쉽지 않다. 하지만 노년이 되면 자연스레 소비가 줄면서 돈이 모인다. 그렇게 10년, 20년 이상 돈을 쌓아두다 보면 저절로 부자가 된다.

한국은 빈곤 노인도 많지만 부자 노인도 많다. 특히 은퇴 전 고정 수입원을 만들어둔 사람이라면 수입은 일정한데 지출이 줄어 시간이 갈수록 부자가 될 가능성이 크다. 젊어서 부자 되기가 힘든 것이지, 나이 들어 부자 되는 것은 상대적으로 쉽다. 만 60세 이상 노인의 순자산 규모가 계속 증가하는 한국을 볼 때면 나이 들수록 부자가 될 가능성이 크다는 말이 일리가 있는 것 같다. 다만 돈을 못 쓰는 부자가 된다는 게 문제지만 말이다.

3장

자본주의 사회를
산다는 건

THE PSYCHOLOGY
of BIG MONEY

THE PSYCHOLOGY of BIG MONEY

01

부자의 기준, 소득보다 재산

1인당 국민소득에서 한국이 일본을 넘어섰다. 2024년 6월 5일 한국은행 발표에 의하면 지난 2023년 한국 1인당 국민소득은 3만 6,194달러였다. 반면 2023년 일본 1인당 국민소득은 3만 5,793달러로, 한국이 일본보다 1인당 국민소득이 401달러 더 많았다. 1인당 국민소득은 국민 1명이 얼마나 소득을 올렸는지, 즉 1년 동안 얼마나 돈을 벌었는지에 대한 값이다. 한국인이 일본인보다 1년 동안 평균 401달러 더 벌었다는 의미다.

한국인 소득이 일본인 소득보다 더 많으니 좋은 일이다. 그런데 이 기사를 읽고 걸리는 게 있었다. 사람들이 이 내용을 보고 한국이 일본보다 더 잘살게 됐다고 생각하지 않을까. 한국인이 일본인보다 더 부자이고, 돈도 더 많다고 생각하지 않을까. 이제 한국이 일본을 따라잡았다고, 일본은 더는 한국의 적수가 아니라고 생각하는 사람이 있지 않을까.

부자인지 여부를 구분하는 기준

직장인 A와 B가 있다. A의 연봉은 4,500만 원이고, B의 연봉은 4,800만 원이다. 그런데 A의 연봉이 올라 5,000만 원이 됐다면 A는 B보다 더 잘살게 되고 부자가 된 것일까. 그렇지 않다. A는 연봉이 5,000만 원이지만 가지고 있는 재산은 2억 원이고, B는 연봉이 4,800만 원이지만 가지고 있는 재산은 10억 원이라고 하자. 이 경우 A의 연봉이 B의 연봉보다 많기는 하지만, 부자는 A가 아니라 B다. A는 자기 집이 없어 월세나 전세를 살고, B는 재산이 충분해 자기 집이 있다고 치자. 이 경우 B의 연봉이 A보다 적다고 해도 삶의 질은 B가 훨씬 더 좋을 수 있다. 소득만 보고 그 사람의 경제 수준을 판단해선 안 된다.

일반적으로 어떤 사람이 돈이 많은지 적은지, 부자인지 아닌지 구분하는 기준은 크게 두 가지다. 하나는 소득이 얼마인가다. 연봉 5,000만 원이냐, 1억 원이냐가 기준이 되는 것이다. 흔히 연봉이 많으면 부자라고 생각한다. 연봉 8,000만 원이 넘어선 사람은 상위 계층이고, 연봉 1억 원이 넘어서면 돈을 굉장히 많이 버는 사람으로 여긴다. 연봉 2억 원이면 굉장한 부자다. 1인당 국민소득도 바로 이렇게 얼마나 버느냐에 대한 개념이다.

　다른 하나의 기준은 가지고 있는 재산이 얼마인가다. 재산이 2,000~3,000만 원이면 돈이 없는 사람이고, 재산이 3~4억 원이면 어느 정도 돈이 있는 사람이다. 재산이 10억 원을 넘으면 돈이 있다는 소리를 들을 수 있고, 재산이 몇십억 원 이상이면 부자 소리를 들을 수 있다. 그렇다면 어떤 사람이 부자인지 아닌지를 구분하는 기준으로는 소득이 더 중요할까, 아니면 재산이 더 중요할까. 미국의 경제지 〈포브스〉는 해마다 세계 부자 순위를 발표한다. 최근 세계 최고 부자는 루이비통을 보유한 베르나르 아르노이고, 2위는 제프 베이조스 아마존 창업자, 3위는 일론 머스크 테슬라 최고경영자CEO다. 〈포브스〉는 세계 최고 부자만 조사해 발표하는 게 아니다. 여성 부자 순위, 각 국가의 부자 순위 등도 발표한다. 〈포브스〉가 발표한 한국 부자 순위는 1위 이재용 삼성전자 회장, 2위 김병주 MBK파트너스 회장, 3위 서정진 셀트리온그룹 회장으로 나타났다. 〈포브스〉는 어떤 기준으로 이런 부자 순위를 매길까. 소득일까, 재산일까. 재산이다. 부자인지 아닌지를 판단할 때 소득은 그리 중요하지 않다. 한 사람의 부의 수준을 보여주는 건 소득이 아니라 재산이다. 우리는 누구나 한국 최고 부자가 이재용 회장이라고 말한다. 하지만 이 회장의 연봉이 얼마인지는 아무도 관심이 없다. 이 회장이 삼성에서 일하며 월급을 얼마나 받는지는 전혀 신경 쓰지 않는다. 단지 그가 삼성 주식을 얼마나 가지고 있는지만 생각한다. 이 회장이 부자인 건 연봉을 많이 받아서가 아니다. 삼성 주식을 많이 가지고 있어서다. 마찬가지로 일론 머스크가 세계적 부자인 건 테슬라 주식을 많이 가지고 있기 때문이다. 테슬라 CEO로서 연봉이 높아서가 아니다.

소득이 많고 재산도 많으면 부자로 판단하는 데 별문제 없다. 그런데 세상에는 소득과 재산이 괴리된 경우가 참 많다. 연봉은 높은데 재산은 거의 없는 경우, 연봉은 낮은데 재산은 많은 경우가 꽤 존재한다. 사람들은 흔히 연봉 1억 원이 넘으면 잘사는 것이라고 생각한다. 하지만 연봉이 1억 원을 넘어도 가진 총재산이 5,000만 원이라면 그는 결코 여유 있는 생활을 하지 못한다. 연봉이 1억 원 이상인데 어떻게 총재산이 5,000만 원밖에 안 되느냐는 의문이 생길 수 있다. 하지만 부모의 빚 때문에, 이전 사업이 망해서, 또는 지출이 커서 등 여러 이유로 연봉이 많아도 재산이 없는 경우가 상당하다. 마찬가지로 소득은 적지만 재산이 많은 경우도 있다. 큰돈을 번 뒤 현직에서 은퇴한 사람은 재산은 있지만 소득은 거의 없다. 부동산으로 재산을 모은 사람은 부동산이 많아 재산은 꽤 되지만, 막상 연봉이라 할 수 있는 소득은 많지 않다.

부자가 되는 데 더 필요한 것은 재산이다

소득과 재산이 모두 많으면 부자다. 소득과 재산이 모두 적으면 부자가 아니다. 이건 어렵지 않다. 문제는 소득은 많은데 재산은 없는 경우, 소득은 적은데 재산은 많은 경우다. 이 둘 가운데 누가 더 여유가 있을까. 소득과 재산이 서로 충돌할 때는 재산이 우선이다. 소득은 적지만 재산이 많은 사람이 경제적으로 훨씬 여유가 있다. 소득은 많지만 재산이 없는 경우는 다른 사람이 보기에 굉장한 부자 같아도 사실은 상당히 불안한 삶이다.

연봉은 2억 원이지만 재산은 거의 없다고 치자. 연봉 2억 원이면 엄청난 소득을 올리는 것이다. 직장에서 능력을 인정받는 인재일 테고, 다른 사람들의 부러움을 살 것이다. 하지만 어떤 일이 생겨서 직장을 그만두게 되면, 그래서 더는 그 연봉을 받지 못하게 되면 경제 수준이 바로 급전직하한다. 설령 직장을 계속 다닌다 해도 가족 가운데 큰 병에 걸린 사람이 나오거나 하면 생활수준에 큰 타격을 입는다. 지금은 어느 정도 살고 있지만 내년이 어떨지, 5년 후는 어떨지 전혀 기약할 수 없다. 안정적인 삶을 기대하기 어렵다.

연봉은 3,000만 원이지만 재산이 수십억 원 있다고 치자. 이 사람은 현 생활수준을 평생 유지할 수 있다. 직장을 그만둬도 별 문제 없고, 중간에 무슨 일이 생겨도 충분히 대처 가능하다. 소득은 없지만 충분한 소비를 누리면서 안정적으로 살아갈 수 있다.

잘사는 데 좀 더 필요한 것은 소득이 아니라 재산이다. 부자가 되기 위해 필요한 것도 소득보다 재산이고, 노년을 안정적으로 지내는 데 필요한 것도 소득이 아니라 재산이다. 이런 측면에서 한국 1인당 국민소득이 일본의 그것보다 높다는 이유로 한국이 일본보다 더 잘살게 됐다고 생각해선 곤란하다. 한국의 소득이 일본보다 많아졌을 뿐이다. 하지만 한국의 재산이 일본보다 더 많다고 할 수 있을까. 일본은 한국보다 훨씬 오랜 기간 축적해온 재산이 있다. 한국이 일본보다 소득이 많아졌다고 해서 더 부자가 된 건 아니다. 소득과 재산은 서로 구별해서 생각해야 한다.

소득과 재산을 늘리는 방법은 서로 다르다

부자가 되기 위해, 안정적인 삶을 살기 위해 필요한 것이 소득보다 재산이라는 게 왜 중요할까. 이는 소득을 높이기 위해 해야 하는 일과 재산을 늘리기 위해 해야 하는 일이 다르기 때문이다. 소득을 늘리려면 좀 더 열심히 일해야 한다. 일하는 시간이 늘어나야 하고, 또 일도 잘해야 한다. 더 노력하는 삶을 살아야 소득도 늘어난다. 이게 대다수 사람이 돈을 더 벌기 위해 하는 일이다. 그런데 재산을 늘리는 건 좀 다르다. 재산을 키우려면 주식이나 부동산을 늘려야 한다. 돈을 버는 기술보다 돈을 관리하는 기술이 중요하다. 일론 머스크는 일을 열심히 잘해서 세계적 갑부가 된 게 아니다. 테슬라 주식을 가지고 있고, 테슬라 주식이 올라서 갑부가 된 것이다. 그가 테슬라 주식 없이 테슬라 CEO로만 일했다면, 즉 CEO 월급만 받았다면 절대 세계적 갑부는 될 수 없었다.

부자가 되는 길은 소득이 아니라 재산에 있다. 그리고 소득을 늘리는 방법과 재산을 늘리는 방법에는 차이가 있다. 자기 분야에서 좀 더 일을 잘하고 인정받고 성공하고 싶은 사람은 소득을 늘리는 데 초점을 둬야 한다. 하지만 재산을 늘리고자 하는 사람은 돈 관리, 주식·부동산 투자 등 소위 재테크에 초점을 맞춰야 한다. 소득이 많은 것에 현혹돼서는 안 된다. 소득을 늘리는 길과 재산을 늘리는 길은 서로 다르다.

THE PSYCHOLOGY of BIG MONEY

THE PSYCHOLOGY of BIG MONEY

02

자본주의 사회가
신분제 사회보다 더 좋은 이유

현대 사회는 자본주의 사회다. 자본주의 사회의 폐해 중 하나는 사람들이 돈을 굉장히 중요시한다는 점이다. 사회에서 중요한 가치는 굉장히 많다. 학문도 중요하고 예술도 중요하다. 개인의 인격과 도덕적 가치도 굉장히 중요하다. 하지만 자본주의 사회에서는 이 모든 것이 돈으로 치환된다. 돈을 많이 벌면 좋다고 생각하고, 돈이 없으면 가치가 적은 것으로 보는 경향이 강하다. 삶의 중요한 가치들을 제대로 평가하지 않고 돈을 중요시하는 자본주의는 수준 낮은 저급한 시스템이다. 자본주의가 아니었다면 인간은 좀 더 고귀한 삶을 살아갈 수 있었을 것이다.

그런데 나는 이러한 생각에 동의하기 어렵다. 자본주의 사회이기에 오히려 나는 그런대로 내 생활을 유지하고 인정받으며 살아갈 수 있다. 조선시대였다면 나는 정말 힘든 삶을 살았을지 모른다.

조선, 관료 외에는 이류 인간 취급

조선시대 말과 일제강점기의 주요 인사 중 한 명으로 윤치호가 있다. 윤치호는 〈독립신문〉 발행인이었고, 독립신문사 사장을 지내기도 했다. 조선 말 자주독립을 위한 민중 대회였던 만민공동회의 최고지도자였으며, 한일합방 이후 애국지사가 대거 투옥된 105인 사건 때 감옥에 갇히기도 했다. 일제강점기에도 조선민립대 설립을 시도하는 등 조선 계몽을 위해 노력한 주요 인사였다. 그러나 태평양전쟁이 발발한 일제 말기 결국 윤치호는 조선에 일곱 명밖에 없는 귀족원 의원까지 오르는 등 대표적인 친일파가 됐다.

윤치호의 아버지는 윤웅열이다. 윤웅열은 서자이자 무관 출신이었다. 조선시대에 절대 출세할 수 없는 조건이었음에도 윤웅열은 전남 관찰사, 군부대신이 되는 등 관직에서 승승장구했다. 하지만 항상 관직에 있었던 것은 아니다. 고종은 관직을 돈을 받아 파는 장사를 했고, 그러다 보니 모든 관리의 임기가 굉장히 짧았다. 관리들은 수시로 자기 자리를 잃고 백수가 됐다. 윤웅열은 관직에서 떨어질 때마다 다시 관직을 얻기 위해 적극적으로 구직 활동을 했다. 돈으로 관직을 사기도 했다. 윤치호의 일기에는 윤웅열이 전남 관찰사직을 얻고자 6만 냥을 냈고, 왕자 생일 때는 궁

궐에 1만 냥을 보냈다고 적혀 있다. 당시 관찰사 월급은 1,000냥 수준이었다. 지금 돈으로 따지면 관찰사직을 얻으려고 6억 원가량 냈고, 왕자 생일 때 1억 원 상당의 돈을 보냈다는 얘기다. 윤웅열은 조선시대를 대표하는 부정부패 공무원이었다.

젊은 시절 윤치호는 권력을 최고 가치로 알고 관직을 쫓아다니는 사람들을 경멸하던 계몽 청년이었다. 먹고살 돈이 충분한 데도 관직을 사서라도 관리 생활을 유지하려는 아버지를 좋아하지 않았다. 그런 젊은 윤치호에게 윤웅열은 이런 식으로 말한다.

"이런 거에 휘둘리지 않고 고상하게 살아가는 게 좋은 줄 누가 모르는가. 그런데 높은 학문을 가지고 깨끗하게 살아간다고 누가 존중해주는가. 관직이 없으면 아무리 돈이 있어도 무시당한다. 사람들은 관직에 있는 이만 존중하고 무시하지 않는다. 그러니 이렇게 해서라도 관직을 가지려는 거 아닌가."

조선시대는 관료(주의) 사회였다. 관료가 아닌 사람은 이류 인간이었다. 돈이 아무리 많아도 소용없었다. 은메달은 아무리 많아도 금메달 하나를 당하지 못한다. 마찬가지로 학식, 돈, 기술 등이 아무리 많아도 현재 관직에 있는 자를 당하지 못했다. 그러니 사람들은 다른 어떤 것보다도 관리가 되려 노력했다. 돈을 벌기 위해 관리가 된 것이 아니다. 자기 돈을 퍼부어서라도 관직을 얻으려했다.

귀족 사회 등 신분 사회도 마찬가지다. 모차르트는 당시에도 최고 천재 음악가였지만 어디까지나 귀족의 하인 같은 존재였다. 귀족과 같은 식탁에 앉지 못하고 하인들과 함께 구석에서 밥을 먹어야 했다. 돈을 많이 번 상인은 귀족 작위를 사려고 했다. 돈보다 관직, 귀족 같은 신분이 더 중요했다. 자본주의가 되기 전 사회는 그랬다.

이런 관료 중심 사회는 오래전 일이다. 그래서 나는 그 사회가 어땠는지 지식으로만 알 뿐, 제대로 느끼지 못했다. 그러나 최근 나는 관료 사회가 무엇인지, 자본주의 사회와 어떤 차이가 있는지 실감하고 있다.

아직도 남아 있는 관료주의적 시각

나는 돈을 벌고 나서 직장을 그만뒀다. 이후 특별히 직업적으로 하는 일 없이 파이어족으로 살고 있다. 어디에 소속되지 않고 그냥 내가 하고 싶은 일을 하면서 살기를 원한다. 사람들은 이런 나를 여러 관점으로 평가한다. "좋겠다" "부럽다"는 사람도 있고, "그렇더라도 직장을 그만둘 필요가 있었나"라고 말하는 사람도 많다. 그런데 이렇게 긍정적·중립적으로 보는 사람만 있는 것은 아니다. 부정적으로 보는 사람도 있다.

연세 지긋하신 집안 어른이 있다. 이분에게 나는 천하의 '명청

이'다. 아무 문제없이 다니던 직장을 스스로 그만두고 백수가 된 '한심한 놈'이다. 돈이 있어서 먹고살 일은 걱정하지 않아도 된다? 그런 건 하나도 중요하지 않다. 직장이 있느냐 없느냐가 중요하다. 그다음은 직장이 얼마나 좋은 곳인지가 중요하다. 직장이 없는 백수는 아무 가치가 없는 사람이다. 교수직을 그만둔 나는 집안의 자랑거리에서 한순간에 집안의 수치가 돼버렸다. 이분에게 나는 정말 불쌍한 놈이다. 나이 오십 넘어 직장에서 떨어져나온 한심한 놈이다. 다른 사람을 만나면 내 이야기는 꺼내지도 않는다. 이전에는 다른 사람들에게 집안에 교수가 있다고, 명문대 출신이 있다고 자랑도 했다. 하지만 이제는 절대 다른 사람에게 내 얘기를 하지 않는다. 창피해서 말도 꺼낼 수 없다는 이유에서다. 같이 밥을 먹으면 내가 돈을 내는 것도 꺼린다.

"직장도 없고 돈도 못 버는 애가……"라며 자신이 돈을 낸다. 또 이런 말도 건넨다.

"어디 직장 들어갈 데 알아보고는 있나?"

"받아주는 데도 없다"고 대답한다. 그런 식의 대화가 몇 번 오간 후 이런 말도 한다.

"공무원시험이라도 보는 건 어떤가?"

공무원시험은 나이 제한이 없다. 나이 오십이 넘어도 시험에 합격만 하면 된다. 그러니 공무원시험을 준비해서 공무원이 되라는 얘기다. 나는 이 말을 듣고 정말 놀랐다. 이분이 보라는 시험은 9급 공무원시험이다. 이건 이분이 보기에 지금 내 상태가 9급 공무원보다 훨씬 못하다는 얘기다. 돈이 얼마가 있든 상관없다. 사회적으로 어떤 일을 하든 상관없다. 제대로 된 직장이 있느냐 없느냐가 중요하다. 이 말을 듣고 조선시대 관료 사회가 어떤 사회였는지, 유럽 귀족 사회가 어떤 사회였는지 새롭게 느끼게 됐다. 관료가 아니면 아무것도 인정받지 못하는 사회, 귀족이 아니면 아무리 뭘 어떻게 해도 사회적 신분에서 벗어나지 못하는 사회가 자본주의 이전 사회였다.

자본주의를 긍정적으로 보는 이유

이런 경험을 거치면서 나는 자본주의 사회를 굉장히 긍정적으로 보게 됐다. 사람들은 자본주의 사회가 돈만 추구한다며 잘못된 제도라고 본다. 하지만 자본주의 사회에서는 뭘 해도 돈만 벌면 인정받을 수 있다. 음악으로 돈을 벌어도 되고 미술로 돈을 벌어도 된다. 공무원이 돼서 돈을 벌어도 되고 장사를 해서 돈을 벌어도 된다. 돈이 유일무이한 가치라고 하지만, 돈을 벌기 위해서 하는 행위에는 차별이 없다. 음악으로 큰돈을 버는 사람도 사회적으로 존경받고, 미술로 큰돈을 번 사람도 유명 인사가 된다. 사업으로 큰돈을 벌어도, 유튜브로 돈을 벌어도, 배우나 가수가 돼 큰돈을 벌어도 훌륭한 사람으로 인정받으며 사회에서 롤 모델이 될 수 있다.

자본주의 사회에서는 뭘 해도 된다. 그 결과 돈만 벌면 사회에서 인정받고 성공할 수 있다. 자본주의 사회도 분명 문제가 있다. 하지만 관리가 되지 않으면, 제대로 된 직장이 없으면 뭘 어떻게 해도 사회적으로 인정받을 수 없는 사회보다는 자본주의 사회가 훨씬 더 좋지 않은가. 조선시대 관료주의 사회 시각에서 볼 때 나는 그냥 9급 공무원보다 못한 백수이고 한량이다. 하지만 자본주의 사회 시각에서는 그렇게까지 한심한 대우는 받지 않는다. 이러니 나로서는 자본주의를 긍정적으로 받아들일 수밖에 없지 않을까.

THE PSYCHOLOGY of BIG MONEY

03

헨리 조지와 토마 피케티, 정직하게 읽자

부동산세, 부자 부유세 등이 한국에서 계속 논란이 되고 있다. 이런 세금을 올려야 하는지 내려야 하는지에 대해 이런저런 주장이 많다. 그런데 이런 논의를 할 때 미국 경제학자 헨리 조지의《진보와 빈곤》, 프랑스 경제학자이자 파리경제대 교수인 토마 피케티의《21세기 자본》등을 근거로 세금 부과 정당성을 내세우는 경우가 있다. 이런 주장을 대하면 나로서는 좀 이해하기 힘들다.

헨리 조지, "부동산세를 올려야 한다"

헨리 조지Henry George는 《진보와 빈곤》이라는 명저에서 부동산세를 올려야 한다고 주장했다. 그렇게 주장한 이유는 분명했다. 부동산 임대료가 사회의 모든 잉여를 빨아들인다고 봤기 때문이다. 장사나 사업을 잘해서 돈을 많이 벌면 부동산 임대료도 오른다. 사회가 더 잘살게 되면 집값이 상승하고, 빌딩 가격이 올라간다. 결국 아무리 다른 데서 돈을 벌어도 소용이 없다. 부동산을 가진 사람이 그 이익을 다 챙겨간다. 그래서 헨리 조지는 부동산에서 나오는 이런 불로소득을 모두 세금으로 걷자고 주장했다. 부동산세를 올려야 한다고 말하는 사람들은 헨리 조지의 이러한 《진보와 빈곤》 논리를 끌어들인다.

그런데 《진보와 빈곤》에서 주장하는 내용이 하나 더 있다. 부동산세를 제외한 다른 모든 세금은 폐지해야 한다는 것이다. 헨리 조지는 정부 정책으로 사람들의 의사결정이 달라지는 것에 반대했다. 소득세를 부과하면 사람들이 일을 덜 하려 한다. 소비세를 부과하면 사람들이 물건 소비를 줄인다. 이렇게 경제활동에 영향을 미치는 세금은 안 좋으니 모두 폐지해야 한다고 주장한 것이다. 부동산세는 경제활동에 최소한으로 영향을 미친다. 그래서 부동산세는 올리고 다른 세금은 모두 폐지해야 한다는 게 헨리 조지의 주장이다.

나도 《진보와 빈곤》을 읽으면서 그 논리에 설득됐다. 헨리 조지의 말대로 다른 세금은 다 폐지하고 부동산 지대를 모두 세금으로 걷으면 분명 더 나은 사회가 될 것 같다. 나는 헨리 조지의 주장에 찬성하는 사람이다. 그런데 이상한 점이 있다. 헨리 조지의 주장을 인용하는 사람들은 부동산세를 올려야 한다는 말만 한다. 다른 세금들은 폐지해야 한다는 헨리 조지의 주장은 언급하지 않는다. 다른 세금들을 다 폐지해야 한다는 말이 어디 구석진 데 간략히 언급돼 있는 것도 아니다. 책《진보와 빈곤》에는 아주 명시적으로 두 가지 주장이 제시돼 있다. 하나는 부동산세를 올리자는 것이고, 다른 하나는 다른 세금은 다 폐지해야 한다는 것이다. 그런데 헨리 조지를 끌어들이는 사람들은 부동산세를 올리자는 얘기만 한다.

그리고 헨리 조지가 언급한 부동산세는 어디까지나 보유세다. 조지는 세금이 경제활동에 영향을 미치는 것을 무엇보다 반대했다. 헨리 조지에 따르면 부동산 거래에 영향을 미치는 부동산 양도세와 취득세도 폐지해야 하는 세금이다. 즉 조지의 부동산세 관련 주장에 찬성하는 사람은 한국 부동산시장에 큰 영향을 미치는 부동산 양도세와 취득세 부과에도 반대해야 한다. 그런데 그런 말은 하지 않고 그냥 부동산세를 올리자는 얘기만 한다.

둘 중 하나다. 헨리 조지의 책을 읽어보지 않고 그냥 그가 부동산세를 올리자고 했다는 내용만 어디서 듣고 인용하는 경우다. 아니면, 헨리 조지의 책을 읽기는 했는데 책 전체 논지는 모른 척하고 그중에서 자기가 주장하고 싶은 말만 인용하는 경우다. 헨리 조지를 언급하면서 부동산세 이외 다른 세금은 모두 폐지해야 한다는 것, 그리고 양도세와 취득세는 없애야 한다는 것은 얘기하지 않고 부동산세를 올려야 한다는 말만 하는 사람은 나에게는 일종의 지적 사기꾼처럼 보인다.

큰 논란이 된 피케티의 부유세 논리

토마 피케티Thomas Piketty의 《21세기 자본》은 2013년 발간된 책이지만 이미 경제학 명저 반열에 올랐다. 토마 피케티는 이 책에서 부유세를 주장했다. 부자들이 보유한 자산 자체에 세금을 매기자는 것이다. 이 부유세, 소위 부자세를 부과해야 한다는 토마 피케티의 주장이 세계적으로 큰 논란을 일으켰는데, 《21세기 자본》에는 자산에 부유세를 부과해야 한다는 논리가 분명하게 제시돼 있다.

그는 역사적으로 모든 사회에서 'r 〉 g' 관계가 성립한다는 사실을 발견했다. r은 자본수익률이고, g는 경제성장률이다. 즉 자본수익률이 경제성장률보다 더 큰 것이다. 여기에서 '자본수익률 〉 경제성장률 〉 노동수익률' 관계가 성립한다. 중요한 것은 '자본수익률 〉 노동수익률' 관계다. 자본을 가진 사람이 노동을 하는 사람보다 항상 더 많은 돈을 번다는 의미다. 돈이 돈을 번다는 것, 부자가 더욱더 큰 부자가 된다는 것은 바로 이 관계에서 파생된다. 사회에 빈부격차가 커지는 이유도 바로 이 때문이다.

자산을 가진 사람의 돈이 훨씬 더 빠른 속도로 불어나니, 자산이 없는 사람은 아무리 열심히 일해서 돈을 벌어도 따라잡을 수가 없다. 이건 불공평하다. 그런데 이는 '자본수익률 〉 노동수익률'이라는 경제 현상에서 자연스럽게 발생할 수밖에 없는 일이다. 그러니 정부가 개입해서 자본수익률을 낮춰야 한다. 자본에 대해 부유세, 즉 부자세를 부과해 자본수익률을 낮추고, 그 결과 자본수익률과 노동수익률이 비슷해지면 현대 사회의 가장 큰 경제 문제라는 빈부격차가 해결될 수 있다.

토마 피케티는 《21세기 자본》에서 부유세가 어느 정도 수준이 돼야 하는지도 설명한다. 문제는 자본수익률이 노동수익률보다 더 높다는 점이다. 그러니 자본수익률을 노동수익률과 비슷하게 만들어야 한다. 자본수익률은 역사적으로 4~5%였다. 자본시장이 발달한 현대 사회에서는 3~4% 수준이다. 현대 사회에서 노동수익률은 1~2% 정도다. 그러니 부유세는 1~2%여야 한다. 그래서 토마 피케티가 제시한 부유세는 순자산 100만 유로(15억 원, 이하 1유로=1,500원) 미만은 0%, 순자산 100만 유로 이상 500만 유로 미만(15억 원 이상 75억 원 미만)은 1%, 순자산 500만 유로(75억 원) 이상은 2%다.

유럽과 미국에서는 이 피케티의 주장에 난리가 났다. 소득이 아니라 재산에 세금을 매기는 게 맞느냐, 재산에 1~2% 세금을 부과하는 건 너무 과중하다 등 반대 주장들이 나왔다. 반면 이런 부유세가 필요하고, 부자에게 1~2% 세금은 그렇게 큰 부담이 되지 않는다는 주장도 많았다. 토마 피케티가 불을 지핀 부유세는 아직도 그 타당성, 효과 등과 관련해 논란이 이어지고 있다.

한국에도 그의 논거에 근거해 부유세 도입이 필요하다고 주장하는 사람이 많다. 다만 이상한 점이 있다. 토마 피케티는 순자산 15억 원 미만은 0%, 15억 원 이상 75억 원 미만은 1%, 75억 원 이상은 2%를 제시했다. 그런데 한국은 재산에 대한 세율이 얼마일까. 일단 취득세율은 4%고, 재산세율은 0.4%다. 종합부동산세는 주택 12억 원 이상에서 1%가 넘고, 토지는 45억 원 이상이면 2%다. 또 한국은 지역의료보험료가 재산에 기반해서 나온다. 일종의 재산세다. 무엇보다 재산에 매기는 상속세나 증여세가 1억 원이 넘으면 20%, 30억 원이 넘으면 50%다. 토마 피케티의 부유세는 1년에 한 번 세금을 부과하는데, 그것을 고려해 생애 재산세를 계산해도 한국이 재산에 부과하는 세금은 토마 피케티가 주장하는 수준보다 훨씬 높다. 최근 상속세를 40%로 낮추자는 논의가 있는데, 그래 봤자 피케티가 말하는 수준보다 높다는 점은 변하지 않는다.

피케티를 따르려면 부유세는 줄여야 한다

토마 피케티의 논리에 따르면 한국은 부자들에 부과하는 세금을 늘릴 게 아니라 줄여야 한다. 그런데 이상하게도 그가 제시한 부유세보다 한국의 재산세가 훨씬 높으니 한국의 재산세를 줄여야 한다는 주장은 찾아볼 수 없다. 그냥 토마 피케티의 부유세 주장이 일리가 있는 만큼 재산에 대한 세금을 늘려야 한다는 주장뿐이다. 나는 그런 얘기를 들을 때마다 굉장히 의아하다는 생각이 든다. 한국은 이미 토마 피케티가 주장하는 재산세보다 훨씬 많은 세금이 부과되고 있는데 그의 주장을 논거로 들면서 재산세를 늘려야 한다고 말하는 건 뭘까. 책도 안 읽고 하는 얘기인가, 아니면 부유세를 얼마큼 부과해야 한다는 피케티의 주장을 의도적으로 무시하는 것인가. 그것도 아니면 한국의 조세제도를 전혀 모르는 것인가.

세금을 올려야 한다거나 낮춰야 한다고 주장할 때 그 나름 논리를 가지고 말할 수 있다. 그런데 헨리 조지나 토마 피케티의 주장을 논리적 기반으로 하면서 세금을 올려야 한다고 주장하는 사람이 있으면 굉장히 의혹의 눈길로 바라보게 된다. 책을 안 읽었거나, 아니면 의도적으로 저자들의 주장을 왜곡하는 지적 사기꾼인가 하는 의심이 든다.

THE PSYCHOLOGY of BIG MONEY

THE PSYCHOLOGY of BIG MONEY

04

기본소득이 시행되면
고급 부동산에 투자하라!

기본소득은 모든 국민에게 아무런 조건 없이 매달 일정하게 주는 돈이다. 기존 사회복지제도가 먹고살기 힘든 사람이나 생활이 어려운 사람에게 필요한 돈을 지급한다면, 기본소득은 모든 사람에게 아무런 조건 없이 돈을 준다는 점이 다르다.

기본소득을 찬성하는 사람은 아무 조건 없이 먹고살 돈이 주어지면 사람들이 자기 소질을 개발해 더 나은 삶을 살 수 있을 것이라고 주장한다. 먹고살려고 어쩔 수 없이 일하는 게 아니라, 먹고사는 문제는 해결되고 각자가 자신이 잘하는 일, 좋아하는 일에 몰두함으로써 더 좋은 사회가 될 것이라고 본다.

기본소득을 반대하는 이들은 기본소득을 지급하면 인플레이션이 발생하기 때문에 가난한 사람들의 먹고사는 문제가 여전히 해결되지 않고, 또 자기 소질을 찾아 발전시키는 사람보다 그냥 놀고먹는 사람이 더 많아질 것이라고 본다.

기본소득 실험에 관한 1차 결과 보고서

사람들은 매달 그냥 돈이 들어오면 어떻게 행동할까. 확실하게 말하기 어렵고, 그래서 여러 나라에서 기본소득에 관한 정책 실험을 진행했다. 여러 번 정책 실험을 하면서 점점 조사 방법, 결과 해석 등이 정밀하게 개선되고 있다. 미국 오픈리서치사도 많은 지원금을 받아 기본소득 정책 실험을 했다. 그리고 2024년 7월 말, 3년간 이어진 기본소득에 관한 1차 결과 보고서를 발표했다.

이 실험에서는 1,000명에게 3년간 매달 1,000달러(140만 원)씩 기본소득을 지급했다. 21~40세가 대상이었고, 소득별 효과를 파악하고자 빈곤선(2019년 기준 1인 가구 소득 1만 2,490달러·약 1,750만 원, 4인 가구 소득 2만 5,750달러·약 3,600만 원) 이하 소득을 얻는 저소득층, 빈곤선의 두 배 소득을 올리는 중소득층, 빈곤선의 2~3배 소득을 올리는 고소득층으로 실험 대상을 구분했다.

그런데 이들의 변화가 기본소득에 의한 것인지, 아니면 경제 환경에 의한 것인지 구분하기가 어렵다. 그래서 정책 효과를 확실히 파악하고자 별도로 2,000명의 사람에게는 매달 50달러(7만 원)씩 지급했다. 물론 매달 50달러는 실제 생활에 도움이 되는 금액은 아니다. 단지 기본소득을 받지 않는 사람은 어떻게 살고 있는지를 파악하기 위한 자료 수집 비용이었다. 실제 이 기간은 코로나19 사태로 경제활동이 평상시와 완전히 다를 때였다. 단순히 기본소득을 받은 사람들이 어떻게 살았느냐는 별 의미가 없고, 기본소득을 받지 않은 사람들과 비교할 때만 의미를 가진다.

기본소득 1차 보고서 ①
노동시간 관련

3년간 매달 기본소득 1,000달러를 받았을 때는 어떤 효과가 있었는지 보자. 기본소득 1,000달러를 받은 사람들은 매달 50달러씩 받은 사람들보다 상대적으로 취업률과 일하는 시간이 줄어들었다. 기본소득 수령자들은 취업자가 2% 더 적었고, 일하는 시간도 매주 1시간 18분 짧았다. 기본소득을 받으면 일을 더 안 한다.

그런데 이건 나이와 소득 수준에 따라 효과가 달랐다. 저소득층과 중소득층의 노동시간은 별 변화가 없었다. 그런데 고소득층의 노동시간은 줄었다. 기본소득은 고소득층으로 하여금 일하지 않게 하는 효과가 컸다. 그리고 30, 40대는 노동시간에 별 차이가 없었고, 20대 노동시간은 줄었다. 더 좋은 직장을 찾기 위해서일 수도 있고, 일 외에 다른 활동을 하느라 노동시간이 줄었을 수도 있다. 단, 기본소득을 받은 사람들이 더 신중하게 오랫동안 일

자리를 고르기는 했는데, 결과적으로 더 나은 직장을 얻지는 못했다. 기본소득을 바탕으로 질 좋은 직장으로 레벨업하는 결과는 나오지 않았다.

물론 개별 사례는 존재한다. 기본소득을 바탕으로 더 교육받고 좀 더 좋은 직장을 구한 경우, 기본소득으로 자신의 꿈에 더 다가간 경우가 적잖았다. 하지만 통계적으로는 의미가 없었다. 개별 사례일 뿐, 전반적인 효과는 아니라는 의미다.

기본소득 1차 보고서 ②
건강 및 소비 관련

건강 측면을 보면 기본소득을 받은 사람들은 병원을 더 많이 다녔다. 일반병원과 응급실 방문, 치과 치료 등 모든 면에서 이용률이 늘어났다. 그런데 전반적인 건강 수준이 높아졌느냐 하면 그건 아니었다. 돈이 생기니 병원을 더 많이 가기는 했는데, 건강이 나아지지는 않았다. 그리고 처음 1년간은 스트레스 감소 등 정신건강이 좋아졌다. 하지만 처음 1년뿐이었다. 2년차부터는 원래 수준으로 돌아왔다.

소비를 보면 음식, 교통, 집 임차료 같은 지출이 늘었다. 기본소득으로 교육을 더 받은 사람도 있기는 하지만 소수였다. 전체적으로 교육비 지출이 늘지는 않았다. 재미있는 것은 저소득층 및 중소득층에서 기본소득으로 다른 사람들을 지원하는 경우가 크게 늘어났다는 점이다. 다른 사람에게 빌려주는 돈, 다른 사람에게 선물을 사주는 돈이 크게 증가했다. 그동안 다른 사람으로부터 도움을 받기만 했던 이들이 돈이 생기자 도움을 주기 시작한 것이다. 이에 비해 고소득층은 기본소득이 생겼다고 해서 다른 사람에게 지원하는 금액이 늘지는 않았다.

이번 오픈리서치의 기본소득 실험에 관한 1차 결과 보고서는 많은 시사점을 준다. 일단 기본소득을 긍정적으로 보는 이는 기본소득으로 인생이 바뀌기도 했고, 훨씬 나아진 삶을 살기도 했으니 기본소득이 필요하다고 주장할 것이다. 반면, 기본소득을 부정적으로 보는 이는 그런 변화가 발생한 경우도 있지만 굉장히 소수이고 전체적으로는 그런 효과가 나타나지 않았으니 정말 도움이 필요한 사람만 도와주면 되지 모든 사람에게 기본소득을 지급하는 건 낭비라고 얘기할 테다.

기본소득 1차 보고서의 투자적 의미

그럼 이 오픈리서치의 기본소득 실험이 투자 측면에서 시사하는 점은 무엇일까. 나는 이 보고서를 보고 투자와 관련된 확실한 시사점을 얻었다. 앞에서 한 달에 1,000달러씩 기본소득을 받는 사람은 음식, 교통, 레저 활동, 집세 등에 돈을 사용했다고 했다. 그런데 각자의 소득 수준에 따라 지출 형태가 다르게 나타났다. 저소득층과 중소득층은 음식과 교통 부문에 더 많은 돈을 썼다. 저소득층은 그동안 부족했던 먹거리를 사 먹었고, 중소득층은 생계 유지와 관계없이 먹고 싶었지만 비싸서 먹지 못했던 음식을 샀다. 그리고 그동안 버스를 타다가 우버 등을 이용하는 등 교통과 관련해서도 지출이 크게 증가했다.

그렇다면 고소득층은 어땠을까. 고소득층은 기본소득을 받아도 음식 지출이 거의 늘지 않았다. 이들은 평소에도 먹거리는 충분히 사 먹을 수 있었다. 기본소득을 받는다고 해서 음식을 더 사 먹지는 않았다. 교통도 마찬가지다. 이미 자기 차가 있고 필요하면 우버, 택시 등을 이용해왔다. 돈을 더 준다고 교통비가 늘지는 않는다. 고소득층에서 증가한 지출은 단 하나였다. 집 렌트비다. 고소득층은 기본소득으로 다른 지출은 늘리지 않았다. 오직 집 렌트비 하나만 크게 증가했다. 고소득층은 돈이 더 들어오면 더 좋은 집에서 살려고 했다는 뜻이다.

기본소득이 들어오면 보통 사람은 더 많이 먹고, 더 좋은 교통 수단을 이용해 더 자주 돌아다닌다. 반면 어느 정도 사는 사람은 기본소득이 들어오면 더 좋은 집에서 살려고 한다. 사람들이 더 좋은 집에 살려고 몰리면 그 효과는 분명하다. 부동산값이 크게 오른다. 모든 집값이 오르지는 않을 것이다. 저소득층용 집값은 오르지 않는다. 중소득층 집값도 효과가 불분명하다. 하지만 고소득층이 이용하는 집값은 크게 오를 것이다.

부동산 수요가 증가할 것이다

나는 그동안 기본소득의 대표적인 부작용이 모든 사람에게 돈을 풀어서 발생하는 물가 상승, 인플레이션이라고 생각해왔다. 인플레이션은 물가가 오르는 현상인데, 모든 상품의 가격이 동일하게 오르지는 않는다. 월급은 인플레이션보다 덜 오르고, 부동산과 주식은 인플레이션보다 더 오른다. 기본소득이 시행되면 부동산값이 오른다고 봤지만 어디까지나 인플레이션으로 인한 상승이라고만 생각했다. 그런데 오픈리서치 실험 결과를 보니 부동산값 상승의 원인은 인플레이션만이 아니다. 어느 정도 사는 사람은 기본소득이 주어지면 그 돈으로 더 좋은 집에서 살고자 한다. 부동산 수요가 크게 증가하는 것이다. 부동산값은 인플레이션으로도 오르고, 수요가 증가해서도 오른다. 이러면 기본소득이 주어질 때 일정 기간이 지나면 부동산값이 크게 오른다고 봐도 무방할 것이다.

한국에서 기본소득이 시행될까, 시행되지 않을까. 기본소득을 반대하는 사람도 있지만, 찬성하는 사람도 많은 게 사실이다. 정치적으로 변화가 생기면 기본소득이 주어질 가능성도 있다. 어쨌든 나로서는 기본소득이 시행될 때 투자 방침 한 가지가 만들어졌다. 기본소득이 시행되면 부동산을 구입할 것이다. 일반 부동산은 아니고, 고소득층이 선호할 만한 주거용 부동산을 살 생각이다. 오픈리서치의 기본소득 결과 보고서를 읽고 내린 결론이다.

THE PSYCHOLOGY of BIG MONEY

05

통치자와 판사도 못 꺾는
베니스 상인의 '계약'

30여 년 만에 윌리엄 셰익스피어의 희곡 《베니스의 상인》을 다시 읽었다. 처음 읽었을 때, 주요 인물인 고리대금업자 샤일록은 돈만 밝히는 나쁜 사람으로 다가왔다. 샤일록은 안토니오에게 돈을 빌려주면서 기일 내 돈을 갚지 않으면 살^{flesh} 1파운드(약 453그램)를 받기로 했다. 안토니오는 약속한 시간 안에 돈을 갚지 못했고, 살 1파운드를 떼내야 하는 상황에 처했다. 샤일록은 돈을 갚지 않는다고 사람을 죽이려 한 나쁜 인물이었다.

그런데 다시 읽어보니 상황이 간단하지가 않다. 셰익스피어 작품들이 명작으로 인정받는 이유 가운데 하나는 등장인물들이 단순히 선과 악으로 구별되지 않기 때문이다. 장점이 단점이 되고, 단점이 장점이 된다. 햄릿은 착한 성격 때문에 아버지의 원수를 갚지 못한 채 고민만 하다가 죽음에 이른다. 리어왕은 딸을 사랑하는 마음이 독이 돼 자신의 인생을 망친다.

샤일록은 정말 돈이 최고였을까

《베니스의 상인》에서도 이는 마찬가지다. 샤일록은 나쁜 사람이고, 그에게 돈을 빌린 안토니오와 안토니오에게 돈을 빌린 바사니오는 좋은 사람일까. 최소한 돈의 시각에서 봤을 때는 그렇게 간단하지 않다.

첫째, 샤일록은 돈이 최고였을까. 샤일록은 3,000두카트의 돈을 안토니오에게 빌려줬다. 1두카트는 금 3.5그램의 가치였으니, 지금으로 치면 3,000두카트는 12억 원가량 된다(금값, 1그램=11만 4,000원 기준). 안토니오는 변제일을 지키지 못했고, 그 대신 살 1파운드를 떼어줘야 했다. 안토니오의 친구 바사니오는 이 소식을 듣고 자기가 대신 갚아주겠다고 한다. 안토니오가 빌린 돈의 몇 배를 줄 테니 안토니오의 살을 떼지 말라고 부탁한 것이다. 법정 판사는 샤일록에게 9,000두카트(약 36억 원)를 받고 안토니오와의 계약을 파기하는 것이 어떠냐고 물었다.

샤일록이 정말 돈을 좋아하는 사람이라면 당연히 이 제안을 받아들였어야 한다. 12억 원을 36억 원으로 갚겠다고 하니 돈이 목적이었다면 이를 받아들이는 것이 당연하다. 하지만 샤일록은 거절했다. 샤일록이 원한 건 안토니오의 목숨이었다. 샤일록은 그동안 계속해서 자기를 욕하고 비난해온 안토니오에게 원수를 갚기를 원했을 뿐, 돈을 벌고자 한 것이 아니었다. 정말로 샤일록이 돈만 추구하는 사람이었다면 당장 36억 원을 받고 안토니오와의 계약을 없었던 것으로 해야 했다. 샤일록은 돈보다 개인의 원한이 훨씬 중요하다는 점을 우리에게 말하고 있다. 돈밖에 모른다고 비난받는 샤일록은 오히려 돈보다 더 중요한 것이 있다는 사실을 보여주는 인물인 셈이다.

둘째, 내 개인적 시각에서 보면 《베니스의 상인》에서 가장 문제적 인물은 안토니오의 친구 바사니오다. 안토니오는 샤일록으로부터 3,000두카트를 빌려 그 돈을 바사니오에게 다시 빌려준다. 안토니오는 바사니오를 위해 돈을 빌렸던 것이다. 바사니오가 돈이 필요했던 이유는 포셔라는 여자의 마음을 사기 위해서였다. 포셔는 돈 많은 상속녀였다. 바사니오는 포셔와 결혼하기를 원했는데, 선물을 주는 등의 구혼 작업에 자금이 필요해 3,000두카트, 즉 12억 원을 빌린 것이다.

바사니오는 그동안 돈을 낭비하며 살았고, 안토니오에게 많은 빚을 지고 있었다. 그런데 돈 많은 상속녀 포셔와 결혼하면 지금까지 안토니오에게 진 빚은 물론, 새로 받은 빚도 갚을 수 있다. 바사니오는 안토니오에게 이를 이야기하며 돈을 빌려달라 했고, 사정을 알게 된 안토니오는 바사니오가 사랑의 결실을 맺을 수 있도록 샤일록으로부터 돈을 빌렸다. 물론 바사니오와 포셔는 젊은 남녀로 서로에게 호감이 있었다. 하지만 바사니오가 포셔에게 적극적이었던 데는 거액의 상속녀라는 배경이 크게 작용했다. 이런 점에서 샤일록보다 바사니오가 더 문제아로 보인다. 무엇보다 빚을 갚기 위해 한탕을 노리고 더 큰 빚을 지는 행태가 그렇다. 《베니스의 상인》에서 포셔의 신랑이 되겠다는 바사니오의 도박은 성공했지만, 포셔와 결혼하지 못했다면 바사니오는 완전히 파산했을 것이다.

조선과 대비되는 베니스

셋째, 《베니스의 상인》을 다시 읽으면서 가장 놀라고 감탄했던 부분은 당시 베니스의 사회제도, 계약법 시스템이었다. 셰익스피어의 작품들은 16~17세기 영국에서 집필되었으니 당시 영국 및 서구 제국의 시스템이라고 봐도 무방할 것이다.

베니스의 귀족층인 안토니오는 천민층인 유대인 고리대금업자 샤일록으로부터 돈을 빌렸다. 안토니오가 돈을 갚지 못하자 샤일록은 계약서대로 살 1파운드를 받기를 원했다. 베니스 통치자인 공작이 샤일록에게 "그러지 말고 배상금을 받고 끝내라"고 부탁했지만 샤일록은 "계약서대로 하겠다"며 고집을 부렸다. 법정에서도 판사가 샤일록에게 "꼭 계약서대로 해야 하느냐"고 설득했지만 별 수 없었다. 샤일록이 스스로 포기하지 않는 한 베니스 통치자와 판사 모두 계약을 무시할 수 없었다.

당시 서유럽이 아닌 곳에서 이런 이야기가 나올 수 있었을까. 조선시대 말 한 외국인의 저서에는 자신의 집에서 일하는 조선인 요리사가 한 다음의 말이 담겨 있다.

"내가 여기에서 그만두면 바로 관료들이 나를 찾아와 돈을 빌려달라고 한다. 빌려달라고 하지만, 그 돈은 돌려받지 못한다. 빌려주는 것을 거절하면 나를 감옥에 가둔다. 결국 나는 그동안 내가 모은 돈을 모두 빼앗기게 된다. 내가 서양인하고 일하면 그들은 나를 건드리지 못한다. 하지만 내가 여기를 그만두면 나는 모든 재산을 빼앗긴다. 그러니 계속 여기에서 일하게 해달라."

양반이 천민과 대등한 계약을 한다는 것 자체가 일반적이지 않다. 천민과의 계약 때문에 양반이 목숨을 잃는다는 것 역시 있을 수 없는 일이다. 《베니스의 상인》의 배경이 조선이었다면 양반 안토니오는 천민 샤일록에게 "돈을 빌려달라" 하고는 그냥 가져갔을 것이다. 당시 조선에서는 천민이 양반을 상대로 소송을 제기하면 그 자체가 불경스러운 일이었다. 도리어 양반을 모욕한 죄로 천민이 먼저 처벌받았을 것이다.

샤일록은 베니스 통치자가 "계약을 포기하는 것이 어떠냐"고 설득해도 듣지 않았다. 조선에서 사또나 관찰사가 상민에게 "계약을 포기하는 것이 어떠냐"고 했는데 상민이 듣지 않고 계속 자기주장을 하면 어땠을까. 힘이 있는 양반이라면 모를까, 상민이라면 사또의 부탁을 거절했다는 사실 자체가 문제시됐을 것이다. 샤일록이 조선에 살았다면 감히 사또의 부탁을 일언지하에 거절했다는 이유로 철저히 보복당했을 것이다.

안토니오를 구제한 것은 계약서

만일 재판이 열렸다면 상황이 달라졌을까. 사또는 "돈을 갚지 않으면 살 1파운드를 가져가겠다니 이런 말도 안 되는 계약이 어디 있느냐"며 계약 자체를 인정하지 않았을 것이다. 계약서보다 정의 구현이 중요하다고 봤을 가능성이 크다. 착한 안토니오는 구제받고 나쁜 샤일록은 벌을 받았을 것이다.

하지만 베니스의 민사 제도는 그런 식으로 굴러가지 않았다. 민사 제도는 어디까지나 계약서가 최우선이다. 통치자, 법관도 계약서의 효력을 부인하지 못한다. 법관은 당사자 간 계약이 계약서 내용대로 이뤄지는 것을 보장하는 기관일 뿐이다.

조선에서는 정의로운 사또가 "계약을 이용해 상대방을 해치려 하다니 이 나쁜 놈"이라며 샤일록을 벌했을 것이다. 하지만 베니스에서는 계약서가 최고다. 베니스 법원은 샤일록에게 "계약서대로 해야 하며 그렇지 않으면 벌을 받을 것"이라고 말했다. 결국 샤일록은 계약서 내용대로 피를 취하지 않으면서 1파운드의 살만 가져가야 했다. 더 나아가 살 역시 정확히 1파운드만 취해야 했다.

조금이라도 많거나 적으면 계약 위반으로 간주됐다. 안토니오가 구제된 까닭은 계약서 덕분이지, 지배자나 판사의 호의 때문이 아니다.

계약서 우선 사회인 서구였기에 샤일록이라는 괴물이 탄생했다. 하지만 계약서 우선 사회였기에 천민도 귀족과 대등한 계약을 체결할 수 있었고, 귀족도 그 계약서에 얽매여야 했으며, 지배자나 법원도 천민과 귀족을 대등하게 대했다. 샤일록이 나올 수 없는 전근대적인 사회제도보다는 그래도 샤일록이 나올 수 있는 시스템이 더 낫지 않을까.

샤일록은 돈만 아는 고리대금업자가 아니었다. 샤일록은 돈보다 중요한 것이 있고, 신분보다 계약서가 중요하며, 지배자의 정의감보다 당사자인 개인의 의사와 합의를 중요시하는 사회를 상징하는 인물이다. 샤일록은 앞으로도 계속 재해석되는 캐릭터가 될 것으로 보인다.

THE PSYCHOLOGY of BIG MONEY

06

돈으로 살 수 없는 것들,
빈곤해 살 수 없는 것들

세계적 베스트셀러 《정의란 무엇인가》로 유명한 마이클 샌델Michael Sandel 미국 하버드대 교수에게는 또 다른 베스트셀러가 있다. 《돈으로 살 수 없는 것들》이라는 책이다. 이 책에서 샌델은 돈으로 거래해서는 안 되는 것들이 거래되는 현대 사회의 시장만능주의를 비판한다. 도덕, 사회정의, 시민의 덕성, 사람의 생명 등과 관련된 분야에서 돈으로 사고파는 시장경제가 확산되는 것을 경계하고, 이런 분야는 시장경제와 분리해야 한다고 주장한다. 《돈으로 살 수 없는 것들》에서 돈으로 거래하면 안 되는데 실제 돈으로 거래되는 것들로 제시한 사례를 살펴보자.

❶ 병원에서 진료를 받으려면 순서를 기다려야 한다. 응급환자라면 모르겠

지만, 그렇지 않은 환자는 예약 순서에 따라 진료를 받아야 한다. 그런데 더 많은 돈을 지불하면 더 빨리 진료해주는 시스템이 발달하고 있다. 전 담의사제를 마련해 두고 고액을 지불한 고객은 최우선적으로 진료를 받 도록 해주는 것이다. 은행, 항공사 등도 우수 고객에게 별도의 콜센터를 운영하는 방식으로 더 빠른 서비스를 제공한다. 공정성이 제대로 적용되 지 않고, 돈으로 순서를 살 수 있다.

❷ 일부 미국 교도소에서는 수감자가 추가 비용을 지불하면 더 깨끗하고 조 용한 개인 감방으로 옮길 수 있다. 공공을 위해 쓰여야 하는 경찰차가 상 업광고를 단 채 운행되기도 한다. 사회정의를 담당하는 사법 분야도 돈의 영향을 받고 있다.

❸ 검은코뿔소는 멸종위기 보호종이다. 그런데 남아프리카공화국에서는 검 은코뿔소를 15만 달러(2억 1,000만 원)에 사냥할 수 있는 권리를 판다. 목장 주인이 검은코뿔소들을 기르기 위해서는 돈이 필요하다는 이유다. 몇 마리를 희생하면 그 돈으로 다른 검은코뿔소들을 먹여 살릴 수 있다. 또 북극 지방에서 바다코끼리는 원주민인 이누이트(에스키모)만 사냥할 수 있다. 그런데 이누이트들이 6,000달러(840만 원)에 바다코끼리를 사 냥할 권리를 사냥꾼에게 팔고 있다.

❹ 사람의 생명과 신체는 돈으로 거래해서는 안 된다. 그런데 이런 것들도 시 장에서 거래되고 있다. 가장 대표적인 것이 다른 사람을 대신해 임신하는

대리모 임신, 피나 신장 등 장기를 판매하는 행위다. 또 사람의 몸에 문신을 새겨 광고를 하는 경우도 있다. 생명이 상업화되고 있다.

샌델의 거래금지 리스트를 보면서

샌델의 말이 옳다. 교도소에서 돈을 내면 업그레이드된 감방으로 옮길 수 있다는 게 말이 되나. 멸종위기종으로 보호 대상인 검은코뿔소, 바다코끼리를 돈을 받고 사냥할 수 있게 해준다는 건 정말 이해할 수 없다. 신체 거래는 말할 것도 없다. 이것들을 돈으로 사고팔 수 있다는 것 자체가 부당하다. 이런 일들에는 시장경제가 적용되지 말아야 하고, 돈으로 거래하는 건 절대적으로 금지해야 한다. 그런데 한편으로 이런 생각도 든다. 여기서 문제라고 하는 것 대부분이 사실은 돈으로 해결할 수 있는 문제 아닌가. 돈으로 해결할 수 있는데 정부나 사회가 돈을 들이려 하지 않으니 이런 문제가 생기는 것 아닌가.

병원 예약 후에도 오래 기다려야 하는 건 미국뿐 아니라, 한국도 마찬가지다. 종합병원은 몇 개월 후에나 예약이 가능한 경우가 다반사다. 전문의는 한정적인데 환자가 많아서 발생하는 문제다. 그런데 이건 종합병원을 늘리고 병실, 수술실을 늘리고 전문의를 늘리면 해결될 문제 아닌가. 하지만 현재 한국에서는 일반병원과 의원은 증가하지만 상급 종합병원과 전문의는 늘지 않는다. 수가

가 낮고 수익성도 낮으며 투자 자본도 부족하기 때문이다. 그런 건 상관하지 말고 돈을 많이 쏟아부으면 해결될 문제다. 일반 콜센터도 응답 직원을 크게 늘리면 오래 대기하지 않아도 된다. 하지만 비용을 줄이려고 응답 직원을 충분히 두지 않아서 오래 기다리는 현상이 나타난다. 애초에 돈을 많이 투입하면 좀 더 빠른 서비스를 받으려고 돈으로 순서를 살 필요도 없다.

돈 문제는 돈으로 해결할 수 있지 않을까

교도소에 있는 죄수가 돈을 더 내면 더 좋은 감방으로 옮길 수 있다는 건 분명 이상하다. 애초에 모든 감방을 다 쾌적하고 좋게 만들면 되는 거 아닌가. 전부 다 좋은 감방으로 만들 돈은 없고, 그래서 몇몇 감방만 좋게 만들다 보니 이런 문제가 발생한다. 경찰차에 상업광고를 다는 것이 문제라고 하는데, 공공을 위해 일한다는 자부심이 강한 경찰이 자기 차에 상업광고를 다는 것을 좋아할 리 없다. 경찰에 돈이 없다 보니 상업광고를 부착해서라도 운영비를 마련하려 하는 것이다. 애초에 정부와 시민사회가 경찰에 충분한 돈을 줬다면 경찰이 그런 일을 하지 않았을 것이다. 돈을 충분히 주지 않아서 생긴 문제다.

멸종위기 보호종인 검은코뿔소 사냥권을 돈을 받고 파는 건 말이 안 된다. 그런데 목장 주인이 검은코뿔소들을 먹여 살리려면 돈이 필요하다는 건 사실 아닌가. 동물보호를 외치는 단체나 정부가 그 돈을 충분히 줬다면 검은코뿔소 사냥권을 돈 받고 판다는 얘기는 나오지 않았을 것이다. 또 사냥권이 시장에 나왔을 때 정부나 동물보호단체가 15만 달러를 주고 그 사냥권을 샀다면 검은코뿔소가 사냥당하는 일은 발생하지 않았다. 돈보다 중요한 동물보호에 돈을 아꼈기 때문에 발생한 일이다. 이누이트의 바다코끼리 사냥권 판매도 마찬가지다. 이건 이누이트에게 바다코끼리만 먹고살라고 해서 발생한 일이다. 이누이트는 다른 것도 먹고 싶은데, 다른 걸 사서 먹을 만한 돈이 없다. 그러니 바다코끼리 사냥권을 팔아서 다른 걸 사려고 했다. 애초에 먹고살 돈이 충분했다면 바다코끼리 사냥권을 팔려고 안 했을 것이다.

돈을 벌려고 대리모가 되거나 피를 파는 건 분명 부도덕한 일이다. 보통 사람들은 대리모가 되고, 피나 신장을 파는 게 돈을 중요시해서라며 비판한다. 돈보다 더 중요한 게 있는데, 돈만 최고로 알아서 자기 신체 일부를 판다는 것이다. 그런데 정말로 자기 신체를 파는 게 돈을 중요하게 생각해서일까.

자기 피보다 돈을 더 좋아해서 피를 팔고, 그렇게 번 돈을 쌓아놓은 채 좋아하는 사람을 본 적이 있나. 대리모가 그 돈을 받아 통장에 넣어두고, 큰 금액이 찍힌 통장을 들여다보며 좋아하나. 신장을 판 사람이 돈을 쌓아둔 채 그것을 즐기나. 그렇다면 분명 자신보다 돈을 더 좋아하는 사람이다. 시장경제의 폐해이고, 돈만능주의 사회의 문제점이다. 하지만 자기 신체를 팔아 돈을 번 사람이 돈을 쌓아두는 경우는 없다. 신체를 팔아 돈을 버는 사람은 돈 자체가 좋아서 그런 게 아니다. 그 돈으로 자기 몸보다 더 중요하다고 생각하는 일을 하기 위해서다. 소설 《허삼관 매혈기》에서 허삼관은 몇 번이나 자기 피를 팔아 돈을 마련한다. 피를 판 이유는 돈이 좋아서, 돈을 쌓아두기 위해서가 아니다. 결혼 자금을 마련하기 위해서, 대흉년이 들었을 때 가족을 먹여 살릴 식량을 구하기 위해서, 첫째 아들이 큰 병에 걸렸는데 그 치료비를 구하기 위해서, 둘째 아들이 군대에 끌려갔는데 군대 생활을 좀 더 편하게 할 수 있게 하기 위해 피를 팔았다. 피냐 돈이냐가 아니다. 자기 피냐, 가족의 생명이냐의 문제다. 돈만을 목표로 자기 몸을 팔려는 사람은 없다. 자기 몸보다 더 중요하다고 생각하는 그 무엇을 위해 몸을 파는 것이다.

결국 시스템이 문제다

그리고 애초에 돈이 충분히 있다면 사람들은 자기 몸을 팔려고 하지 않는다. 돈이 없고 다른 방법으로는 돈을 구할 수가 없어서 자기 몸을 판다. 지원이 충분하다면 몸을 파는 시장 자체가 만들어질 리 없다. 신체가 돈으로 거래될 수 있다는 게 문제가 아니라, 그 외 다른 방법으로는 돈을 구할 수 없는 시스템이 문제다.

　마이클 샌델은 도덕, 사회정의, 시민의 덕성, 사람의 생명 등과 관련된 분야에서는 돈으로 사고파는 거래가 이루어지지 않는 것이 바람직하다고 봤다. 이 주장은 맞다. 어느 누구도 이런 분야에서 뭔가가 돈으로 거래되는 것을 원하지 않을 테다. 하지만 그러기 위해서는 이 분야에 더 많은 돈이 필요하다. 문제는 대부분 돈이 없거나 부족해서 문제가 된다. 《돈으로 살 수 없는 것들》에 나오는 문제는 사실 돈이 충분하면 아예 처음부터 문제가 되지 않았을 것들이다. 이걸 보고 '돈은 그렇게까지 중요하지 않다' '돈보다 더 중요한 게 많다'는 식으로만 생각해서는 곤란하다.

THE PSYCHOLOGY of BIG MONEY

07

당신의 '조용한 퇴사', 상사는 이미 알고 있다

몇 년 전부터 '조용한 퇴사Quiet Quitting'라는 신조어가 유행하고 있다. 2022년 미국의 한 20대 엔지니어가 틱톡에 조용한 퇴사를 언급하며 "일이 곧 삶은 아니다. 당신의 가치가 당신이 하는 일로 정의되지 않는다"라는 영상을 올렸는데, 이 영상이 세계적으로 히트를 쳤다. 이후 조용한 퇴사라는 말이 이슈가 됐다.

조용한 퇴사는 회사를 그만두지 않으면서도 최선을 다해 일하기보다 대강대강 일하며 다른 데서 삶의 의미를 찾고자 하는 것을 뜻한다. 그런데 직장에서 돈을 받으면서 열심히 일하지 않고 대강대강 일한다는 게 좀 그렇지 않은가. 최소한 직장에서는 열심히 일하려고 해야 하지 않을까. 하지만 '조용한 퇴사'를 주장하는 사람들은 직장에서 대강대강 일하는 이유에 대한 강력한 근거를 내

세운다. 바로 '받는 돈만큼만 일하겠다'는 논리다.

'월급보다 더 일하고 있다'는 발상은 합리적인가

직장에서 열심히 일할 필요는 없다. 받는 돈만큼만 일하면 되고, 그것으로 직장에 대한 의리는 충분히 다한 것이다. 주말이나 퇴근 시간을 넘어서까지 일할 필요가 없고, 나아가 근무시간에도 아주 열심히 할 필요는 없다. 그냥 돈을 주는 만큼만 일하면 되는 거 아닌가.

그럴듯하다. 받는 돈만큼만 일한다는 것은 정당하다. 그게 회사나 자신 모두에게 공정한 일이기도 하다. 하지만 나는 '조용한 퇴사'라는 생각은 개인적으로 부적절하다고 본다. 주말에 회사 일을 하지 않아도 된다는 것, 퇴근시간에 회사 일을 하지 않겠다는 것은 괜찮다고 생각한다. 회사가 아닌 다른 곳에 자기 인생이 있다고 여기면서 주말이나 퇴근시간 이후에 자신의 삶을 추구하는 건 비난받을 일이 아니다. 그런데 받는 돈만큼만 일하겠다면서 업무 시간에 대강대강 일한다는 건 받아들이기 힘들다.

이는 자신이 받는 월급보다 훨씬 더 많은 일을 하고 있다는 생각에서 나온 발상이다. 월급 300만 원을 받지만, 내가 하는 일은 500만 원의 가치가 있다고 생각해서 하는 말이다. 그러니 대강대강 일해도 받는 돈만큼은 일하는 것이고, 따라서 조용한 퇴사를 해도 정당하다. 돈을 받는 사람은 자신이 받는 돈보다 더 많은 일을 하고 있다고 생각한다.

하지만 돈을 주는 사람, 즉 사장이나 고용주는 그렇게 생각하지 않는다. 사장의 소원은 이것이다. "받는 돈만큼만이라도 일하는 직원들이 있었으면 좋겠다." "월급 300만 원을 주면 300만 원어치 일은 해줬으면 좋겠다." 월급 300만 원을 주는데 500만 원, 1,000만 원어치 일을 해주는 직원은 언감생심 바라지도 않는다. 그냥 주는 돈만큼, 300만 원만큼만 일해도 된다. 하지만 그런 직원은 굉장히 드물다. 대다수 직원은 월급 300만 원을 받으면서 100만 원, 200만 원어치만 일하고 있다. 속상하지만 어쩔 수 없이 체념하고 있는데, 거기에 더해 조용한 퇴사라며 대강대강 일하려 한다.

주는 돈만큼 일하지는 못하지만, 그 나름 열심히 하려고 들면 인정할 수 있다. 하지만 주는 돈만큼 일하지도 않으면서 대강대강 한다면 이건 이야기가 다르다. 눈 밖에 나는 직원이 될 수밖에 없고, 정말로 미래가 없는 직원이 된다. 미국 같으면 몇 달 지나고 바로 잘릴 것이다. 쉽게 직원을 해고할 수 없는 한국이나 일본에서는 문제 직원으로 찍히고 여러 가지 측면에서 불이익을 당할 것이다. 사장이나 상사가 직원이 열심히 일하지 않고 대강대강 일한다는 걸 어떻게 아느냐고? 사무실에 출근해 계속 자리에 앉아 있고, 시키는 일은 어쨌든 펑크 내지 않고 하는데, 직원이 조용한 퇴사를 하고 있다는 걸 사장이 어떻게 알겠느냐고?

상사 눈에는 대강 일하는 게 다 보인다

학창시절에 교사가 교실 앞 교단에 서 있으면 학생들이 뭘 하는지 다 보인다고 했던 말을 들어본 적 있는가. 자는지, 조는지, 딴짓을 하는지, 멍하게 있는지 등등을 다 알 수 있다고. 내가 학생 때도 교사들이 그런 말을 했지만 실제로는 모를 수 있다고 생각했다. 교과서를 펴고 그 위에 다른 책을 올려놓으면 어떻게 알겠나. 요령 있게 잘하면 충분히 교사 모르게 딴짓을 할 수 있다고 생각했다. 그런데 내가 교수로서 직접 선생이 되어 교단 위에 올라보니 과거 교사들이 했던 말이 다 이해가 됐다. 교단 위에 올라가면 정말로 학생들이 딴짓을 하는 게 다 보인다. 교과서 위에 다른 책을 놓고 보면 교사가 모른다고? 수업과 관계없이 계속 고개를 숙이고 뭔가를 보고 있다. 만화를 보는지 소설을 보는지 다른 교과서를 보는지는 모르지만, 어쨌든 다른 책을 보고 있다는 건 그냥 눈에 보인다. 그래도 자신은 교사 모르게 딴짓을 해왔다고? 그건 교사가 알면서도 그냥 내버려둔 것이다. 그냥 넘어가주는 것이지, 모르는 게 아니다.

마찬가지다. 사장이나 상사는 직원이 열심히 일하는지, 대강대강 일하는지 그냥 안다. 내가 교수였을 때 일을 도와주는 조교들이 있었다. 그들은 논문 작성은 교수가 훨씬 잘하지만 복사나 타자, 엑셀 정리, 파워포인트 작성, 코딩 같은 일은 자기들이 훨씬 더 잘한다고 생각했다. 하지만 그럴 리가 있나. 복사, 타자, 컴퓨터 코딩 등은 내가 석사과정, 박사과정 때 몇 년간 계속하던 일이다. 몇 년 하고 나가는 조교들보다 훨씬 더 오랜 기간 그 일을 했다. 교수가 되고나서는 그런 일을 내가 직접 하지 않고 맡긴다. 하지만 파워포인트가 어떤 형태일 때 어떤 작업이 필요하고 시간이 얼마나 걸리는지, 어느 정도로 일해야 하는지에 대해서는 충분히 알고 있다. 새로운 프로그램이 나와서 내가 모르는 부분이 있다고? 그럴 수는 있지만, 새로운 프로그램은 이전보다 더 편하고 시간을 절약하도록 나온다. 내가 알고 있는 것보다 더 빠르지, 더 늦고 어렵지는 않다. 조교들은 지금 교수의 모습만 알고, 교수가 교수가 되기 전, 그러니까 석·박사생으로 오랫동안 있었던 시간은 모른다. 지금 교수가 전에는 매일 복사하고 타자 치고 파워포인트를 만들었다는 걸 모른다. 마찬가지다. 회사에서도 중진급 이상의 일은 사장이나 상사가 모를 수도 있다. 하지만 최소한 중진급 아래 직원이 하는 일은 사장, 상사가 이전에 매일매일 하던 일이다. 직급이 높아지면서 지금 안 하고 있을 뿐이다.

사장이나 상사 눈에는 지금 직원에게 맡긴 일이 몇 시간 걸릴지, 어느 정도 업무량으로 할 수 있을지가 그냥 보인다. 그런데 직원은 아직 사장이나 상사만큼 일이 익숙하지 않다. 주는 돈만큼의 실적이 나오지 않는 것이다. 돈을 주는 입장에서는 속이 터지지만, '그래도 계속하다 보면 나아지겠지' '앞으로 괜찮아지겠지' '저 친구가 없으면 내가 그 일을 해야 하는데 그것보다는 낫지'라고 생각하면서 월급을 준다. 그런데 그런 상태에서 직원이 소위

'조용한 퇴사'를 한다면? 돈을 주는 만큼만 일해주면 좋겠다고 생각하고 있는데, 직원이 자기는 받는 돈만큼만 하겠다며 대강대강 일한다면? 이건 제쳐야 하는 직원이다. 한국에서는 해고가 어렵고, 또 나쁜 사람이라고 욕먹기 싫어서 그냥 두고 있을 뿐이다. 직원이 조용한 퇴사를 하면 사장이나 상사도 그 직원을 마음속에서 퇴사시킨다. 회사는 다니겠지만, 회사에서 미래는 없다. 지금 당장은 괜찮을 수 있지만, 어느 정도 시간이 지나면 더는 회사를 다니기 어려워지는 시기가 분명 다른 사람보다 훨씬 일찍 온다.

사자도 사냥하는 순간에는 최선을 다한다

조용한 퇴사를 해도 아무 문제없는 사람이 있다. 정말 천재적인 능력이 있어서 대강대강 일해도 다른 이들보다 더 나은 실적을 올리는 사람이다. 이러면 제대로 일하지 않는 태도가 눈에 보여도 사장이나 상사는 아무런 불만이 없을 것이다. 하지만 이런 능력을 가진 사람은 정말 극소수다. 대부분은 최소한 직장 업무 시간에 제대로 일해야 자신이 받는 돈만큼의 일을 간신히 해낼 수 있다.

업무 외에서 자신의 삶을 찾으려는 조용한 퇴사는 아무 문제없다. 하지만 자기가 받는 돈만큼만 일하겠다는 조용한 퇴사는 곤란하다. 돈을 주는 사장은 직원보다 돈과 업무의 가치에 더 민감하다. 조용한 퇴사자에게 계속 당하고 있을 사장은 없다. 정글의

왕 사자는 평소에 놀고 쉬기만 하지만, 먹이를 사냥하는 순간만큼은 최선을 다해야 한다. 아무리 사자라도 자기가 먹을 만큼만 노력하겠다며 조용한 퇴사를 하게 되면 사냥에 성공하지 못한 채 굶어 죽는다. 조용한 퇴사를 하는 사자에게 잡힐 만큼 만만한 얼룩말은 없다.

THE PSYCHOLOGY of BIG MONEY

08

눔프 Noomp,
"복지 좋지! 하지만 나는 더 못 내"

복지 관련 업무를 하는 친구 몇 명을 만나 대화할 기회가 있었다. 이야기를 하다가 부자들을 비판하는 말을 들었다.

"돈 조금 내놓으면 되는데 그걸 안 한다. 너무 이기적이야."

"부자들이란…… 문제야(한숨)."

부자들이 자기 몫을 약간 포기하고 조금만 더 내면 많은 문제가 해결되는데, 부자들이 오히려 더 아득바득한다. 전체를 생각하지 않고 자기만 생각하는 이기적인 부자들이 복지 업무의 적이다.

나는 속으로만 생각했다.

'그들이 정말 그랬을까. 부자가 자기 몫을 조금도 포기하지 못하겠다고 날을 세우고, 조금도 더 내지 못하겠다고 다투었을까. 그건 아니었을 거 같은데…….'

복지세 증액, 59.5%가 찬성

정말 부자들은 자기 몫만 챙기느라 다른 사람을 돕는 일에 인색할까. 양재진 연세대 행정학과 교수 연구팀이 진행한 '복지와 세금 간 관계'에 대한 연구가 있다. 2021년 발표된 이 연구 결과는 한국 성인 2,502명을 대상으로 복지 지출을 늘려야 하는지, 복지 증대를 위해 세금을 더 낼 의향이 있는지, 세금을 낸다면 어느 정도 금액을 낼 수 있는지, 이런 의향이 소득에 따라 어떻게 달라지는지 등을 조사했다. 조사 결과를 보면 사람들은 지금보다 복지 지출을 늘려야 한다는 데는 찬성한다. 더 많은 복지를 위해 복지 관련 세금을 올려야 한다는 점에 대해서도 59.5%가 찬성한다.

다만 문제가 있다. 복지를 위해 세금을 올려야 한다는 데는 찬성하지만, 내가 세금을 더 내는 건 안 되며 이 세금은 부자, 기업 등 돈 많은 사람이 내야 한다고 생각한다는 점이다. 자신도 세금을 더 내야 한다는 부분에서는 응답자의 24.1%만 찬성했다. 73.6%는 자신은 세금을 더 낼 수 없고, 부자나 기업 등 돈 많은 사람들이 더 내야 한다고 봤다.

이런 현상을 '눔프Noomp, Not out of my pocket'라고 한다. 복지 제도를 늘리는 것은 찬성하지만, 내 주머니에서 돈이 나가는 것은 인정하지 않는 현상이다. 눔프의 문제는 부자나 대기업은 절대적으로 수가 적기 때문에 이들로부터 걷는 세금만으로는 복지비를 감당할 수 없다는 점이다.

경주 최부잣집은 조선시대 후반 최고 갑부 중 하나로 노블레스 오블리주를 실천한 것으로 유명하다. 농민들이 살기 어려우면 쌀을 빌려주고, 형편이 어려워 갚지 못하면 그 빚을 면제해줬다. 조선시대 대표적인 재벌이면서 복지가였던 셈이다. 다만, 이런 최부잣집이라 하더라도 그들의 목표는 100리(약 39킬로미터) 안 사람들이 굶어 죽지 않게 하는 것이었다. 100리 밖 사람들이 굶어 죽는 것은 손쓰지 못했다. 또 100리 안 사람이라도 그들을 굶어 죽지 않게 하는 것이 목표였지, 먹을거리가 부족해 굶주리는 것 자체를 모두 해결할 수는 없었다.

부자들의 돈만으로 국민 복지가 가능하다면 이 문제는 간단히 해결될 수 있을 것이다. 소수의 부자, 대기업 돈만으로는 턱없이 부족하기에 복지 문제가 어렵다. 눕프 현상이 많으면 복지비 증대가 쉽지 않다.

부동산 부자는 복지세 증액에 반대한다

다행스럽게도 복지 증대를 위해 세금을 더 내겠다는 사람도 많다. 24%가량 되는 사람들이 고소득자뿐 아니라 모두가 더 세금을 내야 한다고 공언했다. 그런데 이렇게 세금을 더 내겠다고 하는 사람들이 있어도 문제다. 복지를 위해 세금을 더 낼 수는 있는데, 더 낼 수 있는 세금 크기의 평균이 연 19만 원가량이다. 1년에 19만 원, 즉 한 달에 약 1만 6,000원 정도를 더 낼 수 있다는 것이다. 그런데 한 달에 1만 6,000원 정도 더 내는 것으로는 할 수 있는 일이 거의 없다. 세금 인상에 대한 불만이나 저항 없이 복지를 확충하는 것은 어렵다.

그럼 부자들은 복지 관련 세금을 더 내는 것에 찬성할까, 아니면 반대할까. 이 부분에서는 재미있는 결과가 있다. 부동산 자산액이 많은 사람은 세금을 더 내는 것에 반대했다. 그런데 소득이 많은 사람은 세금을 더 내는 것에 찬성한다. 같은 부자라 해도 부동산이 많은 사람은 복지 관련 증세에 반대하고, 돈을 더 많이 버는 고소득자는 복지 관련 증세에 찬성한 것이다.

부동산 자산액이 많은 부자들이 복지 관련 증세에 반대한 이유는 충분히 이해할 수 있다. 우리는 흔히 비싼 부동산을 가진 사람을 부자라고 생각한다. 그런데 부동산 부자 중에는 부동산만 있고 현금 자산은 없는 사람이 많다. 특히 나이 들어 직장에서 은퇴한 이들 가운데 이런 경우가 꽤 된다. 재산이 많으니 부자는 부자인데, 현금은 없으니 실제 생활은 부자가 아니다. 이런 사람들은 세금이 증가하면 바로 자기가 쓸 수 있는 돈이 줄어들고 생활 수준이 하락한다. 따라서 부동산만 있는 부자는 생활에 직접적으로 영향을 미치는 세금 증액에 반대할 수밖에 없다.

현금이 없는 부동산 부자는 복지 관련 증세에 반대하지만, 실제 돈을 많이 버는 고소득자는 복지를 위해 세금을 더 낼 용의가 있다. 그럼 고소득자는 보통 사람에 비해 세금을 더 내려 할까, 덜

172

내려 할까. 고소득자는 복지 관련 세금을 보통 사람보다 덜 내려 하는 이기적 성향을 가졌을까, 보통 사람보다 세금을 더 내려 하는 관대한 성향을 가졌을까.

일반적으로는 고소득자가 복지 관련 증세에 반대할 것이라고 생각한다. 그런데 실제 조사에서는 고소득자들이 복지 관련 세금을 일반 사람보다 훨씬 더 많이 내려는 성향이 있는 것으로 나왔다. 월 200만 원 이하 소득자는 1년에 10만 원 정도를 세금으로 더 낼 수 있다고 했다. 그런데 월 1,000만 원 이상 소득자는 1년에 68만 원을 세금으로 더 낼 수 있다고 밝혔다. 단순히 돈을 더 많이 버니까 세금을 더 많이 낸다는 건 아니다. 월 1,000만 원은 월 200만 원의 다섯 배다. 이때 세금으로 더 낼 수 있다는 금액은 68만 원이니 10만 원의 6.8배다. 절대적 액수로 돈을 더 내는 것뿐 아니라, 소득 비율로 따져도 고소득자는 일반 소득자보다 더 많은 금액을 복지비로 낼 의향이 있었다.

이 결과만 가지고 고소득자들이 더 관대하다거나 노블레스 오블리주를 실천한다고 보기는 어렵다. 그렇게 보기에는 절대적 금액이 너무 적다. 월 1,000만 원 이상, 연 1억 2,000만 원 이상을 버는 데 복지 관련 세금으로 68만 원만 더 낼 수 있다는 건 너무 적지 않나. 그렇다고 고소득자들이 인색하고 복지에 관심이 없다고 매도할 수는 없다. 복지 관련 세금으로 부담할 수 있다는 금액이 적기는 하지만, 그래도 보통 사람보다는 훨씬 높은 비율의 금액이다.

세금 증액, 의향과 실제 행동은 다를 수 있다

그런데 내가 보기에 고소득자들이 더 많은 복지 관련 세금을 낼 용의가 있다고 해서 실제로 더 낼 것이냐 하면 그건 또 아닌 것 같다. 용의가 있는 것과 실제 행하는 것은 다른 문제다. 돈을 더 낼 의사가 있지만, 실제로는 돈을 더 내기 싫은 주된 이유가 앞에서 본 눔프 현상 때문이다. 열 명 정도가 모여 다른 사람을 도와줄 돈을 갹출한다고 해보자. 이때 고소득자가 "나는 좀 더 낼게"라는 식으로 진행되면 충분히 자기가 원래 내려던 금액의 돈을 낼 수 있다. 다른 사람들이 10만 원씩 낼 때 고소득자가 68만 원을 내는 건 자연스럽다.

그런데 다른 사람들이 "돈 많은 네가 다 내" "우리는 돈이 없어서 못 내" "돈이 있는 사람이 내야지" "그 돈 다 뭐 할래. 이럴 때 써"라는 식으로 나오면 얘기가 달라진다. 자기는 낼 수 있는 10만 원을 내지 않으면서 "너는 68만 원을 내려고 했잖아. 빨리 68만 원 내"라고 한다면 이때는 절대 낼 수 없다.

앞에서 이야기한 친구들에게 물어보고 싶었다. 다른 사람들도 부담하고 부자들도 부담해주기를 바란 건지, 아니면 다른 사람들은 부담을 안 하고 부자들만 부담하라고 했는지, 부자들이 돈을 더 냈으면 하고 부탁하는 식이었는지, 아니면 "부자면 돈을 더 내야 하잖아"라면서 당연한 일을 왜 하지 않느냐는 식으로 대했는지, 부자를 도와주는 고마운 존재로 생각했는지, 아니면 돈을 빼

낼 호구로 생각했는지 등을 말이다. 부자들은 자기는 돈을 안 내면서 부자에게는 "돈이 있는데 왜 안 내"라며 비판적으로 대하는 사람에게는 돈을 낼 생각이 없다. 비록 그게 이웃을 돕는 착한 돈이라 할지라도.

THE PSYCHOLOGY of BIG MONEY

09

부자가 가난한 사람들을
계속 못 돕는 이유

주변에 있는 몇몇 아이에게 자금 지원을 하고 있다. 학비 등 생활
에 필요한 자금을 보조하는데, 사실 적은 돈은 아니다. 어쨌든 장
기간 계속해서 지원하고 있다. 친한 지인들은 이 사실을 안다. 그
런데 그들은 나의 그런 지원에 긍정적이지 않다.

"그건 아닌 것 같다" "언젠가 곤란해질 텐데……"라는 반응이
다. 아주 대놓고 "네가 잘못하고 있다"고 말하는 이도 있었다. 그
러니까 내가 아이들을 계속 지원해서는 안 된다는 것이었다. 어쩌
다 몇 번 지원하는 건 괜찮다. 한 번에 큰 금액을 지원하는 것도
괜찮다. 하지만 정기적으로 계속해서 지원해서는 안 된다는 얘기
였다. 그렇게 지원하다가 어느 순간 내 돈이 다 떨어질까 봐 걱정
하는 게 아니다. 그렇게 지원해도 내 상황에는 큰 영향이 없다는

것쯤은 그들도 안다. 그럼에도 지속적인 지원을 반대하는 이유는
두 가지다.

지원을 멈추면 해코지당할 수 있다

첫째, 지금 그렇게 도움을 줘도 나중에 절대 보답받지 못하기 때문이다. 아이들은 그런 지원을 당연하게 받아들이고 고마워하지 않을 것이다. 나는 실망하게 될 테고, 배신감을 느낄 수도 있다. 지금 아무리 잘 해줘도 나중에 아무 소용이 없다.

둘째, 지원하다가 그만두면 큰 문제가 발생할 수도 있기 때문이다. 그런 지원을 평생 할 수는 없다. 언젠가는 그만두게 되는데 그럼 그때는 어떻게 될까. 아이들은 오히려 나를 비난하고 욕할 것이다. 그동안 돈을 지원해준 고마운 사람이 아니라, 지금 당장 생활을 위협하는 나쁜 놈이 돼버린다. 단순히 욕을 먹는 정도가 아니라 해코지를 당할 수도 있다.

그런 지원을 하려면 평생 해야 한다. 안 그러면 나에게도, 지원받는 당사자에게도 좋지 않은 결과를 초래할 것이다. 그렇다고 평생 지원할 수는 없지 않나. 그러니 처음부터 하지 말아야 한다. 명품 드라마로 인정받는 〈나의 아저씨〉에 이런 대화가 나온다. 어려서부터 고아로 어렵게 살아온 파견직 직원 이지안(이지은 분)은 자기를 도와주는 부장 박동훈(이선균 분)에게 이렇게 말한다.

"내 인생에 날 도와준 사람이 하나도 없을 거라고 생각하진 마요. 많았어요, 도와준 사람들. 한 번, 두 번, 세 번, 네 번…… 네 번까지 하고 나면 다 도망가요. 나아질 기미가 없는 인생, 경멸하면서…… 지들이 착한 인간들인지 알았나 보지."

이지안은 네 번 정도 도와주다가 사라진 사람들이 자신을 경멸하면서 떠나갔다고 생각했다. 몇 번을 도와줘도 나아지지 않는 자기에게 실망해서 떠나갔다고 봤다. 하지만 그건 아닐 것이다. 한두 번은 아무 생각 없이 도와준다. 하지만 서너 번 도와주고 나면 이제는 마음에 걸리기 시작한다.

'이러다가 평생 도와줘야 하는 건 아닌가.'

이지안이 안쓰러워서 도와주고 싶다. 하지만 아무리 생각해도 평생을 지원해줄 수는 없다. 자기 가족이나 연인이라면 모를까, 생판 남인 이지안을 평생 옆에서 도와주는 건 곤란하다. 서너 번 계속 도와준 사람은 이제 결정을 해야 한다. 평생 도와줄 것인가, 아니면 여기서 멈출 것인가. 특별한 사이가 아닌 한 여기서 멈춰야 한다는 생각이 들 테고, 그래서 떠나갔을 것이다. 박동훈은 이지안에게 이렇게 대답한다.

"착한 거야. 네 번이 어디야. 한 번도 안 한 인간들이 째고 쌨는데."

박동훈의 말이 맞다. 한 번도 안 도와준 사람보다 네 번 도와준 사람이 훨씬 착하다. 하지만 비난받는 쪽은 한 번도 안 도와준 사람이 아니라, 네 번 도와주다가 도움을 끊은 사람이다. 도와주다가 지원을 끊으면 그때는 더 나쁜 놈이 된다. 이지안도 자신을 몇 번 도와준 사람들에게 "지들이 착한 줄 알았나 보지"라면서 비난하고 있지 않나.

생명의 위협까지 받는 기초생활 담당 공무원

가까운 친지가 몇 년 전 시험에 붙어 지방자치단체 공무원이 됐다. 그동안은 일반 사무 부서에서 일해왔고 업무 만족도도 괜찮았다. 그런데 최근 사회복지 업무를 담당하면서 이야기가 달라졌다. 그는 공무원 생활에 심각한 회의를 느낀다고 했다. 이유는 과격한 협박성 민원 때문이다.

한국은 소득, 재산이 일정 수준 이하인 사람에게 최소생활비를 지원하는 기초생활보장 제도를 시행하고 있다. 아무리 가난해도 굶어 죽지 않고 살아가게 해주는 사회복지제도다. 기초생활자금이 매달 입금되는 날짜가 있다. 그런데 그 시간이 평소보다 조금만 늦어져도 바로 민원 전화가 온다. 밤낮을 가리지 않고 돈이 왜 안 들어오느냐고 전화가 오고 항의를 한다. 하루 이틀 늦는 게 아니라, 몇 시간만 늦어도 전화가 온다. 그냥 단순한 문의 전화가 아니다. 왜 내 돈을 안 보내느냐고 소리치며 항의하는 전화다.

가장 큰 위협은 기초생활수급자였다가 더는 기초생활수급을 받지 못하는 사람이다. 소득이 일정 수준 이상 늘어나거나 재산이 증가하면 더는 기초생활수급 대상자가 안 된다. 이 경우 많은 사람이 "왜 돈을 계속해서 주지 않느냐"며 항의를 한다. 단순히 항의로만 그치는 게 아니라 "칼 들고 가서 죽이겠다"는 협박까지 한다. 평생 살아오면서 이런 식의 협박을 받은 적이 없는데, 공무원이 되고 난 후 이런 말을 듣는다. 무서울 수밖에 없다.

알고 보니 친지의 이런 경험은 독특한 것이 아니었다. 전국에서 민원으로 가장 큰 어려움을 겪는 공무원이 사회복지 담당 공무원들이다. 그래서 이 업무를 하는 공무원의 경우 휴직도 많고 타부서 전출 신청도 많다. 돈을 주다가 이유가 있어서 돈을 적게 주거나 주지 않을 때 위협이나 협박을 하고 항의하는 건 전국 공통 현상인 것이다. 기초생활자금은 정부의 업무로 법에 따라 주는 것이고, 공무원은 그 법으로 규정된 업무를 담당하기만 할 뿐이다. 그런데도 공무원이 욕을 먹고 심지어 생명의 위협까지 받는다. 정부가 주는 돈도 이 지경인데, 만약 돈 있는 독지가가 직접 돈을 주는 방식이라면 어땠을까. 매달 정기적으로 지원금을 보내다가 어떤 사정이 생겨 더는 돈을 주지 못하게 되는 상황이 발생하면 어떨까.

주변 지인들의 말이 맞다. 지원을 하다가 끊으면 문제가 더 커진다. 지원을 받았던 사람도 문제이지만, 지원을 해준 사람도 문제다. 지원에 의존하며 살아왔던 사람이 앞으로 어떻게 살아갈까도 문제이고, 지원해오던 사람은 오히려 원수 취급을 당하고 위협 받을 가능성이 커져서 문제다.

"내 돈 내놔!"

부자는 여유가 있으니 어려운 주변 사람들을 도울 수 있다고 치자. 그럼 여유가 있다고 누구나 쉽게 주변 사람들을 도울 수 있을까. 이 경우 부자는 자기가 도움을 주면 상대방이 보답할 것이라고 기대하지 않는다. 그 정도 돈이 있다면, 특히 상속 등으로 물려받은 게 아니라 자기가 모아서 돈이 생긴 경우라면 그동안 돈과 관련된 여러 일을 겪었을 것이다. 그래서 도와준 만큼 제대로 보답받는 경우가 거의 없다는 사실을 이미 충분히 알고 있을 테다. 그냥 도우려는 것이지, 보답을 바라고 도우려는 건 아니다. 보답은 없어도 되고, 단지 배신만 안 하면 된다.

문제는 지원의 지속성이다. 한두 번은 도울 수 있다. 그러나 가족이 아닌 한, 평생을 책임질 수는 없다. 도왔을 때 고맙다는 말은 듣지 않아도 된다. 그런 칭찬의 말이 없어도 계속 도울 수 있다. 하지만 도왔다는 이유로 비난받고 욕을 먹으면 이때는 도울 수가 없다. "한 번 도와줬으면 계속 도와줘야 하는 거 아닌가" "왜 더 도와주지 않느냐" "내 돈 내놔"라고 하면서 달려들 가능성이 있다면 더욱 곤란하다. 아예 처음부터 돕지 않았다면 비난을 받지도 않앉을 것이다.

이지안은 자기가 독립해 혼자 살아보겠다고 박동훈 옆을 떠났다. 그래서 해피엔딩이 될 수 있었다. 만약 이지안이 계속 같은 동네에 살면서 평생 박동훈의 지원을 받았다면 드라마의 결론은 달라졌을 것이다. 그래서 다른 사람에게 금전적 지원을 하는 건 굉장히 어려운 일이다. 많은 독지가가 가난한 주변 사람들을 직접 돕지 않고 자선단체에 기부만 하는 건 그런 이유도 크다고 본다. 개인적으로 직접 계속 도왔다가는 나중에 어떻게 될지 모른다는 불안감, 그것이 주변 사람을 쉽게 도울 수 없는 이유 중 하나다.

THE PSYCHOLOGY of BIG MONEY

10

어느 다가구주택 집주인의 속사정

원룸에 사는 한 지인이 방을 빼게 돼 집주인에게 전세보증금을 요구했다. 그런데 집주인이 전세보증금을 빼주지 않고 있다. "새로 들어올 세입자가 있어야 보증금을 줄 수 있다"는 것이었다. 계약 기간이 끝났는데 돈을 돌려받지 못하게 되자 지인은 집주인을 비난했다. "이 많은 원룸 세입자로부터 보증금을 받았으니 돈이 엄청나게 많을 텐데 돈을 안 준다." "보증금으로 받은 돈을 다른 데로 빼돌려 쌓아두고 있다." 지인은 집주인을 비난하면서 보증금 사기로 고소할 계획이라고 했다.

계약 기간이 지났는데 보증금을 돌려주지 않는 것은 분명 잘못이다. 다만 내가 인정할 수 없는 부분은 집주인이 돈이 있으면서도 돈을 주지 않는다고 보는 시각이다. 설마 그럴 리가 있겠나.

집주인은 부동산은 갖고 있지만 현금은 부족할 것이다. 수천만 원이라는 돈을 돌려주려면 정말 다음 세입자로부터 보증금을 받아야 할 수 있다. 물론 집주인이 보증금을 노린 사기꾼이라면 어딘가 돈을 숨겨놓았을지도 모른다. 하지만 절대다수의 집주인은 세입자에게 돌려줄 보증금을 손에 쥐고 있지 않다. 보증금을 돌려주지 않으면 보증금 사기로 고소당할 수 있는 상황인 만큼 집주인도 속이 타들어갈 것이다.

보증금 없는 집주인이 나오는 이유

다가구주택 주인이던 A씨가 있다. 그 전에 A씨는 단독주택에 살았다. 그런데 어느 순간 주변 단독주택들이 다가구주택으로 바뀌기 시작했다. 동네 주민들이 "왜 여기만 단독주택으로 있느냐"며 "동네 망치지 말고 다가구주택으로 바꾸라"고 요구해왔다. A씨도 단독주택을 헐고 다가구주택을 짓고 싶었다. 하지만 다가구주택을 지으려면 건축비가 필요했다. 월급쟁이인 A씨는 그 정도 목돈이 없었다.

건축사업자는 A씨에게 돈이 없어도 다가구주택을 지을 수 있다고 했다. 다가구주택을 지은 후 각 가구로부터 전세금을 받아 건축비를 내면 된다는 것이다. 결국 A씨는 여덟 가구가 거주할 수 있는 다가구주택을 짓고, 그중 하나에 직접 살았다. 나머지 일곱

가구는 전세를 줬고, 그 보증금으로 건축비를 냈다. 이때까지만 해도 A씨는 '내 돈을 들이지 않고 새집을 얻었으니 이익'이라고 생각했다.

그런데 시간이 조금 지나자 문제가 있다는 사실을 깨달았다. 일단 전세 제도는 집주인이 손해보는 시스템이었다. 집 수리비와 관리비, 세금이 지속적으로 지출됐다. 그런데 전세로는 그 돈을 충당할 수 없었다. A씨는 월급을 받는 직장에 다녔고, 자기 월급으로 그 지출들을 부담해야 했다. 그간 월급을 생활비로만 사용해왔는데, 여기에 건물 유지비 등이 추가되니 오히려 생활수준이 낮아졌다.

가장 큰 문제는 세입자가 나갈 때였다. 세입자가 나가면 전세보증금을 줘야 하는데, 전세보증금을 건축비로 모두 사용한 탓에 손에 쥐고 있는 목돈이 없었다. 다음 세입자로부터 돈을 받아야 보증금을 줄 수 있는 상황이었다. 그런데 이 역시 운이 아주 좋을 때만 가능했다. 물론 A씨도 계약서상 날짜에 반드시 보증금을 돌려줘야 한다고 생각했다. 그래서 세입자가 "나가겠다"고 말하면 보증금을 구하려고 여기저기 뛰어다녔다. 은행, 공제조합, 친구, 친척, 직장동료 등 사방에서 돈을 꿨다. A씨의 일기장을 보면 세입자의 전세보증금을 구하려고 여기저기서 돈을 꾸고 갚고 한 이야기가 10년 넘게 이어지고 있다.

2008년 글로벌 금융위기 때 전세 시세가 폭락하자 골치 아픈 일이 벌어지기도 했다. 세입자들이 "시세가 낮아졌으니 보증금의 일부를 돌려달라"고 요구한 것이다. 당시 A씨는 보증금 일부를 돌려줄 돈이 없었고, 세입자들은 그의 멱살을 잡은 채 "돈을 내놓으라"고 욕을 했다. A씨는 이 일로 한이 맺혀 두 집 정도는 언제 나가더라도 전세보증금을 돌려줄 수 있을 만큼의 돈을 모아두기로 결심했다. 또한 장기적으로 전세를 모두 월세로 바꾸기로 마음먹었다.

전세를 월세로 바꾸는 과정은 지난했다. 일단 전세보증금을 다 돌려줄 수 있는 현금이 있어야 전세를 월세를 바꿀 수 있었다. 월급 대부분을 쓰지 않고 차근차근 모아야 그 돈이 마련됐다. 그러다가 한 집이 전세에서 월세로 바뀌면 그 월세 수입과 월급을 다시 모아 다른 집들도 전세에서 월세로 바꿔나갔다. 결국 모든 집이 다 월세로 바뀌었다. 월세라고 해도 가구별 보증금이 3,000~5,000만 원은 됐지만, 어쨌든 모든 가구에서 월세 수입이 나왔다. 이렇게 만들기까지 거의 15년이 걸렸다.

옆에서 지켜본 그는 다가구주택에 얽매인 삶을 살았다. 직장에서 정년퇴임 후 여유로운 삶을 살기를 원했지만, 세입자가 나가고 들어오는 것에 맞춰 보증금을 준비하고 지불해야 했다. 그사이 악성 세입자와 분쟁도 많았고 주차 문제와 쓰레기 배출 문제, 소음 문제도 계속됐다. 가장 큰 문제는 세입자가 나갈 때 보증금을 준비하는 일이었다. A씨는 나중에서야 "그때 단독주택을 다가구주택으로 바꾸지 말았어야 했다"며 후회했다. 그냥 단독주택에 살았다면 그런 문제 없이 평안히 살 수 있었을 테니 말이다.

임차인 요구 다 들어줬더니……

2024년 3월 A씨는 죽었고 자식이 다가구주택을 물려받았다. 자식 B씨는 그동안 A씨가 고생해온 것을 옆에서 봐왔기에 건물주에 대한 환상이 없었다. 그냥 맘고생 하지 말고 편하게 운영하자고 생각했다. 무엇보다 그는 물려받은 다가구주택의 월세 수입이 없어도 살아가는 데 별 무리가 없었다.

그래서 돈에 민감하게 굴지 않았고 임차인의 요구를 다 들어줬다. 각 가구마다 수도계량기를 달아 자기가 쓴 만큼 정확히 수도요금을 내게 했으며, 보안을 위해 시시티브이CCTV도 달았다. 새로 들어오는 세입자를 위해 도배와 도색을 새로 했고 싱크대를 바꿔달라는 요구도 수용했다. 이외에도 화장실 수리와 문틀 교체 등 세입자가 요구하는 사항을 다 들어줬다. 계약 기간을 채우지 않고 나간다고 할 때도 "계약 기간이 끝날 때까지는 보증금을 돌려줄 수 없다"고 말하지 않고 "언제든 나가도 된다"고 했다. 재계약할 때는 월세를 올리지 않고 그냥 기존 임대료만 계속 받았다. 맘씨 좋은 임대인 코스프레였다.

그렇게 8개월이 지났다. 현재 B씨의 다가구주택 사업자 통장 잔액은 마이너스다. 2,400만 원이나 손실을 봤다. B씨는 자기 돈을 들여 그 손실을 메우고 있다. 이렇게 손해가 큰 이유는 한 가구가 나가 전세보증금 3,000만 원을 내줬는데, 이후 세입자가 들어오지 않았기 때문이다. 하지만 새로운 세입자가 들어왔다고 해도 통장은 600만 원 정도 흑자였을 것이다. 8개월에 600만 원 수익이니, 한 달 평균 75만 원을 번 셈이다.

한 달 임대료로 75만 원을 버는 정도면 2억 원가량의 부동산을 가지고 있다고 봐야 한다. 그런데 이 다가구주택은 자산가치가 몇십억 원에 달한다. 이 정도 가액에 월 75만 원 수입이면 은행 이자도 안 나온다. 명목상으로는 플러스지만 기회비용을 고려하면 엄청난 적자다.

'세입자가 들어왔다면 한 달 75만 원 정도 수입은 됐을 텐데'라고 가정하는 것은 의미 없다. 당장 2,400만 원 손해를 봤기 때문이다. B씨가 이를 자신의 돈으로 메울 여유가 없었다면 사기꾼으로 고소당했을지도 모른다.

사업이라면 깐깐한 임대인이 되어야 한다

무엇이 잘못됐을까. 맘씨 좋은 임대인 코스프레가 잘못된 것이다. 임차인들이 해달라는 대로 다 해주면 안 됐다. 비용을 따지고 수익에 어떤 영향을 미치는가를 고려해 대부분은 거절해야 했다. 계약 기간이 만료되기 전에 나간다고 할 때 그러라고 하지 말아야했고, 관리비용과 세금이 증가한 만큼 임대료도 올려야 했다.

B씨는 여기서 큰 수익을 올릴 생각이 없다. 여기서 수입이 나오지 않아도 사는 데 별문제가 없기 때문이다. 하지만 최소한 적

자는 나지 말아야 하지 않을까. 다가구주택을 운영하면서 자기 돈을 몇천만 원씩 넣을 수는 없지 않나. 따라서 적자를 면하려면 맘씨 좋은 임대인이 돼서는 안 되는 것이었다. 깐깐한 임대인이 돼야 한다. 그러면 큰 수익이 나는 게 아니라, 적자를 면한다.

B씨는 고민이다. 세입자가 보일러를 새로 바꿔달라고 하는데, 그 정도는 들어주고 싶다. 하지만 이 같은 요구를 다 들어주면 통장에 언제 돈이 모일지 기약할 수 없다. 그렇다고 보일러를 고쳐주지 않으면 임차인은 그를 돈밖에 모르는 악덕 임대인이라고 욕할 것이다. B씨는 어떻게 해야 할까. 그는 자기가 임대 사업을 하는지, 복지 사업을 하는지 헷갈리고 있다.

THE PSYCHOLOGY of BIG MONEY

11

월급만으로는 절대 이길 수 없다, 자본수익률 vs 노동수익률

일전에 아버지가 시내에 갔다가 굉장히 놀라운 경험을 했다고 한다. 젊었을 때 양복을 맞췄던 양복점이 아직도 있다는 것이다. 아버지는 마침 경조사 등에 갈 때 입을 새 양복이 필요한 참이라 그 양복점에서 양복을 맞췄다. 약 40년 만에 다시 간 양복점이었는데 그때까지 가게를 운영하고 있다는 점에서 아버지는 경탄을 금치 못했다.

요즘은 양복을 거의 기성복으로 사 입는다. 그럼에도 계속 장사를 해온 건 예전에 양복을 맞춰 입은 고객들이 계속 찾아왔기 때문일 것이다. 이전 고객이 계속 찾는다는 건 옷을 잘 만들고 있다는 뜻이니 분명 실력도 좋을 테다. 40년 넘게 이렇게 가게를 유지하면서 고객이 찾고 있는 그분은 분명 장인이다.

한 분야의 장인으로서 놀라운 실력을 지닌 게 분명하다. 그런데 문제가 하나 있다. 아버지가 보기에 그분이 돈을 많이 벌지는 못한 것 같다고 했다. 가게를 유지할 정도이긴 하지만 양복 만드는 기술로 큰돈을 벌지는 못했다. 아버지는 이런 기술 장인이 돈도 많이 버는 사회여야 하는데 현실은 그렇지 못하다며 안타까워했다.

장인이어도 돈을 많이 못 버는 이유

열심히 일한 사람이 많은 돈을 버는 게 맞다. 그런데 현대 경제학은 열심히 일한다고 더 많은 돈을 버는 것은 아니라고 말한다. 일하는 것보다 자본을 운용할 때 더 큰 수익을 낼 수 있다. 즉 돈을 굴려야 더 많은 돈을 벌 수 있는 것이다.

이와 관련해 가장 유명한 책이 (앞에서 언급한 바 있는) 토마 피케티의 《21세기 자본》이다. 피케티는 부자들의 자본에 세금을 매겨야 한다고 주장해 세계적으로 유명해졌다. 일명 부자세, 부유세다. 그런데 피케티가 원래 연구에서 발견한 것은 역사적으로 항상 자본수익률이 노동수익률보다 더 높다는 것이었다. 사회 전체적으로 볼 때 자본수익률과 노동수익률 사이에는 언제나 '자본수익률 〉 노동수익률' 관계가 성립한다. 즉 자본을 굴렸을 때의 수익률이 열심히 일했을 때의 수익률보다 높다. 피케티는 자본수익률이 노동수익률보다 더 높으니, 이걸 비슷하게 만들기 위해 자본에 세금을 매기자고 주장한 것이다.

자본수익률이 노동수익률보다 높은 건 한국도 마찬가지다. 40년 동안 양복을 만들어온 사람보다 40년 전에 아파트를 구입했던 사람이 더 많은 돈을 벌었다. 이것을 한국 사회의 병폐라고 봐서는 곤란하다. 한국 사회가 그런 문제를 안고 있는 것이 아니라, 원래 인간 사회가 그런 것이라고 피케티는 말한다.

왜 자본수익률이 노동수익률보다 높을까. 피케티는 자본수익률이 노동수익률보다 높다는 점에 대해서는 많은 연구 결과를 제시하지만, 막상 그 이유는 제대로 얘기하지 않는다. 다만 그 이유를 짐작하는 건 그리 어렵지 않다. 자본수익률이 노동수익률보다 높은 가장 중요한 이유는 자본은 항상 더 높은 수익을 찾아 이동하는데, 노동은 그런 이동이 어렵기 때문이다.

자본은 늘 이동한다!

자본의 경우 수익률이 낮으면 바로 돈을 뺀다. 그리고 수익률이 높은 곳으로 이동한다. 부동산이 좋으면 부동산에 돈을 넣고, 주식이 좋으면 부동산에서 돈을 빼 주식을 산다. 주식 중에서도 바이오가 좋다고 하면 바이오 주식을 사고, AI(인공지능)가 돈이 된다고 하면 AI에 돈을 넣는다. 주식에 대한 의리를 지키려고 폭락할 것으로 예상되는 주식을 그대로 들고 있는 사람은 없다. 카스

텔라가 돈을 벌 수 있다고 하면 카스텔라 가게를, 탕후루가 잘된다고 하면 탕후루 가게를 창업한다. 그러다 카스텔라, 탕후루가 돈이 안 되면 바로 정리하고 다른 아이템으로 갈아탄다.

여유자금이 있는 사람만 이렇게 수익률에 민감하게 움직이는 건 아니다. 여윳돈이 없는 사람도 어떤 은행에서 금리 1~2%포인트를 더 준다고 하면 바로 예금을 옮긴다. 그렇게 돈을 옮길 때 어떤 죄책감도 없다. 10년 동안 이 은행 대출을 이용해왔으니, 그동안의 정을 생각해서 금리가 다른 은행보다 더 높더라도 계속 이 은행 대출을 이용하겠다고 생각하는 사람은 없다. 10년 단골 가게라 해도 옆에 더 싸게 파는 가게가 생기면 바로 이동한다. 자본은 그런 식으로 높은 수익률이 예상되는 쪽으로 계속 움직인다. 높은 수익률을 예상했음에도 손실을 보는 경우는 많지만, 처음부터 수익이 낮고 손실이 예상되는 곳에 돈을 넣지는 않는다.

노동은 이동하기 어렵다!

반면 노동은 다르다. 의사가 돈을 많이 번다고 누구나 의사를 할 수는 없다. 요즘 회계사가 돈을 많이 번다는 얘기를 들었다고 해서 "그럼 나도 회계사 해야지" 할 수는 없다. 자격증이 필요한 노동만이 아니다. 회사에서 경리 일을 해온 사람이 요즘 AI 프로그래머가 돈을 잘 번다는 얘기를 듣고 "그럼 나도 지금부터 AI 프로

그래머를 해야지"라고 할 수는 없다. 또 A회사에서 월급을 많이 준다는 말을 듣고 A회사로 쉽게 이직할 수도 없다. 학교를 졸업하고 처음 직업을 선택할 때는 그래도 선택권이 좀 있다. 하지만 한 업종에서 몇 년 정도 일하고 나면 그 후부터는 직장, 직업을 바꾸는 게 쉽지 않다. 나이가 더 들면 직업을 바꾸는 게 거의 불가능하다. 단순노동 업무로는 바꿀 수 있지만 기술과 경험이 필요한 부문, 그러니까 돈을 많이 벌 수 있는 직업으로 전직은 어렵다.

노동은 다른 분야가 수익률이 더 높다고 해서 쉽게 이동할 수 있는 것이 아니다. 자기 분야에서는 수익이 거의 없다는 사실을 알아도, 큰돈을 벌 수 없다는 사실을 알아도 적자는 아니고 어쨌든 그냥 먹고살 수만 있다면 계속 그 일을 할 수밖에 없다.

몇십 년 된 양복점 주인은 당시 양복점을 하면 돈을 벌 수 있다고 해서 재단 기술을 배우고 양복점을 열었을 것이다. 그때는 분명 그 나름 돈을 벌었을 테다. 하지만 시간이 흘러 이제 더는 양복 만드는 기술로는 돈을 벌기 어렵게 됐다. 그렇다고 지금 와서 다른 기술을 배워 직업을 바꾸기는 힘들다. 수익이 적지만 그래도 양복을 만든다. 수익률이 낮아도 그냥 그 일을 한다. 몇십 년이 지나도 계속 충분한 수익을 내는 직업이라면 상관없을 것이다. 하지만 시대가 바뀌면서 고수익을 올릴 수 있는 직업은 계속 바뀐다. 노동은 이런 변화를 따라갈 수 없다. 장기적으로 수익률이 낮아질 수밖에 없다.

자본에서는 이런 일이 없다. 양복점에 투자했을 때 수익률이 일정 이상으로 나오지 않으면 바로 투자를 접는다. 최소한 은행 이자보다는 높은 수익률이 나와야 한다. 그것보다 낮으면 아무런 미련 없이 돈을 빼내 다른 투자처로 이동한다. 자본은 냉혹하다. 10년 동안 투자해 큰 이익을 보지 않았느냐. 그러니 그동안의 정을 생각해서라도 지금 적자인 기업에 계속 투자해달라고 해도 통하지 않는다. 노동에서는 같이 일하는 사람과의 의리와 정을 생각해 자기가 조금 손해볼 수 있다. 하지만 자본은 아니다. 자본은 그냥 예상 수익률로만 움직인다. 차갑고 인정머리 없는 자본이라는 비판이 나올 수밖에 없다. 그러나 그게 자본의 속성이다. 아니, 자본의 속성이 아니라 돈을 대하는 우리의 속성이다.

좋든 싫든 냉혹한 자본이 승자일 수밖에 없다

결국 노동보다 자본의 수익률이 높은 이유는 노동은 수익률에 민감하게 움직이지 않지만, 자본은 민감하게 움직이기 때문이다. 노동은 돈 때문에 왔다 갔다 하지 않지만, 자본은 돈을 목적으로 왔다 갔다 한다. 노동을 오래 하면 실력자가 되고 기술자가 되고 장인이 된다. 훌륭한 사람이고 삶의 모델이 될 수 있다. 하지만 큰돈을 벌 수 있느냐 하면 그건 좀 다른 얘기다. 평생 노동수익률은 높지 않다. 자본에 민감하고 수익성 좋은 걸 찾아 이리저리 움직인다면 사회에서 존경받는 기술자, 장인이 되기는 어렵다. 하지만 장기적으로는 노동보다 더 많은 수익을 올릴 수 있다.

　결국 자본수익률이 노동수익률보다 높은 이유는 자본이 수익률이라는 명확한 목표를 가지고 더 많이 찾아다니면서 계속 움직이기 때문이다. 움직이기 어려운 노동과 계속 움직이는 자본 중에서 자본, 즉 돈이 승자일 수밖에 없다. 좋든, 싫든 이게 노동과 자본의 현실이다.

4장

투자할 때
기억해야 할 것들

THE PSYCHOLOGY
of BIG MONEY

THE PSYCHOLOGY of BIG MONEY

01

장기투자, 지식과 정보보다 분산투자

2023년 초여름의 어느 날이었다. 투자사, 증권사 등 금융계에서 일하는 친구들과 만났다. 이런저런 대화를 하면서 최근 투자 중인 주식 등에 대한 이야기를 나눴다. 요즘 관심 있는 주식이 무언지 서로 이야기하다가, 나는 미국 상장지수펀드ETF 가운데 TMF를 계속 매수하고 있다고 말했다.

TMF, 미국 금리 내리면 폭등

TMF는 미국 장기채권 가격을 따르는 ETF 상품이다. 금리가 오르면 채권 가격은 떨어지고, 따라서 TMF 가격도 하락한다. 금리가 내리면 채권 가격은 오르는데, 그러면 TMF 가격도 상승한다. 그런데 TMF는 3배 레버리지 상품이다. 미국 금리가 오르면 TMF는 폭락하고, 미국 금리가 내리면 TMF는 폭등한다. 나는 미국 금리가 내려갈 것이라 보고 있고, 그래서 미국 금리가 내려가면 폭등하는 TMF를 매수하고 있다.

내가 TMF를 사고 있다고 말하자 금융계 친구들은 이렇게 조언했다.

"금리가 내리면 TMF가 폭등하기는 하는데, 언제 금리가 내릴지 알기 어렵다."

"올해 금리가 안 내릴 수 있고, 오히려 올라갈 수도 있다."

"만약 금리가 올라가면 크게 떨어질 텐데……."

"3배 레버리지 상품은 오르락내리락하면서 기본 가격이 조금씩 떨어지는데……."

이에 대한 내 대답은 이랬다.

"미국 금리가 올해 안에 내려갈 수도 있고 올라갈 수도 있는데, 그렇지만 4년 안에는 떨어지겠지. 4년 안에는 TMF가 크게 오를 거 같아서 사고 있다. 그리고 3배 레버리지라서 기본 가격이 좀 떨어지기는 하겠지만 금리가 내려가 폭등하면 떨어진 것보다 더 오르겠지."

4년을 보고 있다는 말에 친구들은 그렇다면 괜찮겠다고 했다. 미국 금리가 지금 당장은 어떻게 될지 몰라도, 4년 안에는 분명히 떨어질 것이기 때문이다. 그런데 그 자리에 있던 한 친구가 나중에 나에게 이런 말을 했다.

"4년을 보고 있다는 말에 정말 놀랐다. TMF를 사서 4년 기다리면 정말 큰 수익이 날 수 있다. '투자는 이렇게 해야 하는데……'라는 생각이 들었다."

그 친구는 내 투자 방식에 놀랐다고 했지만 나는 오히려 친구의 말에 더 놀랐다. 그는 일반인이 아니라 투자 전문가다. 보통 사람이라면 당장 이익을 추구하느라 장기투자를 하지 못할 수 있다. 하지만 투자 전문가인데 왜 몇 년을 바라보고 투자하지 못할까. 그 친구의 말로는 소위 투자 전문가라도 그런 식의 투자는 힘들다고 한다. 일단 업계에서는 분기, 반기, 1년 투자수익률이 중요하기 때문에 몇 년을 바라보고 투자할 수 없다. 또한 개인적으로 투자하더라도 그렇게 몇 년을 바라보며 투자하기는 어렵다. 4년 안에는 분명히 이익이 난다고 해도 몇 개월, 1년 후에 크게 손해 볼 수 있는 종목을 사놓기는 힘들다는 것이다.

또 다른 친구가 있다. 내가 TMF를 사고 있다는 것을 알고 자기도 TMF를 사겠다고 했다.

"아니, 미국 금리가 떨어지면 TMF가 크게 오르기는 할 텐데 미국 금리가 언제 떨어질지 모른다. 오히려 지금 당장은 금리가 올라갈 수도 있고, 그러면 폭락한다. TMF는 몇 년을 보고 사야 한다. 몇 년이든 미국 금리가 떨어질 때까지 기다려야 한다. 정말로 그럴 수 있냐. 그럴 수 없다면 사선 안 된다."

"할 수 있다. 사놓고 그냥 가만히 있기만 하면 되는 거 아닌가.

샀다는 걸 잊어버리고 그냥 묻어두면 되는 거 아닌가."

이 친구는 거액을 들여 TMF를 샀다. 그런데 미국 경제가 인플레이션이 떨어지지 않고 고용이 좋아지면서 시장금리가 오히려 올랐다. 그 결과 2024년에만 TMF가 20% 넘게 하락했다. 몇 개월 만에 전화가 왔다.

"손해가 크다. 마이너스 수익률을 지켜보기 힘들다. 미국 금리가 더 오를 수 있다고 하는데, 어떻게 해야 할까."

그리고 또 몇 개월 후 TMF를 팔았다는 연락이 왔다. 4년은 기다려야 한다고 했는데, 분명히 그렇게 하겠다고 하고 샀는데, 6개월도 지나지 않아 손해를 보고 판 것이다.

대부분은 단기 손해를 못 버틴다

이런 사례들을 보면 몇 년을 가져가는 장기투자는 참 힘든 것 같다. 일반 투자자뿐 아니라 전문 투자자에게도 힘든 일인가 보다. 장기투자를 해야 한다는 말은 참 많이들 하는데, 막상 주위에서 몇 년을 바라보고 투자하는 사람은 거의 보지 못한다. 도대체 장기투자를 하려면 뭐가 필요한 것일까.

일단 지식이나 정보는 아니다. 다른 사람들은 모르는 정보를 가지고 있고, 주식에 대해 더 많이 안다고 장기투자를 할 수 있는 건 아니다. 미국 금리가 4년 정도 후에는 지금보다 훨씬 떨어질 거라는 점을 모르는 사람이 누가 있나. 미국 금리가 2024년 기준으로 내릴지 안 내릴지에 대해서는 이런저런 말이 많다. 하지만 4년 안에는 떨어질 것이라는 점에 대해서는 아무도 반론을 제기하지 않는다. 이건 지식이 아니라 상식이다. 어떤 연구원이 '미국 금리는 4년 안에 떨어질 것'이라는 보고서를 쓰면 이런 당연한 내용을 보고서로 냈느냐며 쫓겨날지도 모른다.

앞에서 말한 TMF를 살 수 없다던 친구, TMF를 팔아버린 친구도 4년 안에 미국 금리가 떨어질 것이라는 점에 의문을 품은 것은 아니다. 그런 정보는 충분히 알고 있다. 하지만 TMF를 사서 보유할 수는 없었다. 지식이나 정보는 중요하지 않다.

문제는 계좌에 마이너스 수익률이 찍혀 있는 것을 보기가 힘들다는 점이다. -5%, -10% 수익률은 참을 수 있다. 하지만 -20%, -30%가 되면 참기 힘들다. -50% 수익률이 찍히면 패닉이 온다. 20~30%가량 떨어지면 '그래도 앞으로는 오르겠지'라고 생각할 수 있다. 그러나 그 이상 떨어지면 '내가 잘못 생각했나', '내가 틀렸나'라는 생각이 든다. 미국 금리가 몇 년이 지나도 떨어지지 않고 현 상태를 유지할 것이라는 생각이 들고, 오히려 더 올라갈 수도 있다. 계좌의 수익률 수치에 따라 경제나 기업을 판단하는 기준이 달라지고 미래 전망도 달라진다. 수익률 수치가 자기 생각을 지배하는 것이다.

마음을 굳게 다잡으면 이런 오류를 피할 수 있을까. 그렇다고 보지 않는다. 손실을 싫어하는 건 인간 본능이다. 마음을 다잡는다고 인간 본능이 달라지진 않는다. 마음을 굳게 다잡고 손실에 힘들어도 '그래도 참아야지'라고 수없이 결심한다 해도 마음은 지옥에서 살게 된다. 수익 좀 올리겠다고 마음을 지옥 속으로 밀어 넣는 건 앞뒤가 바뀐 것이다.

장기투자에서 거의 필연적으로 발생하는 마이너스 몇십% 수익률을 버텨낼 수 있는 건 굳은 마음가짐보다 분산투자 포트폴리오라고 본다. 전 재산을 집어넣었는데 거기서 30% 넘게 폭락하면 버티기 힘들다. 이건 보통 사람만 그런 게 아니라, 워런 버핏이라도 힘들다. 전체 투자자금 1억 원을 넣어 3,000만 원을 잃으면 버티기 어렵다. 신용으로 빚을 내 1억 원을 투자했는데, 거기서 3,000만 원 이상을 잃으면 패닉이 온다.

하지만 1억 원 가운데 1,000만 원을 투자한 종목에서 30%를 잃는다면? 1억 원에서 300만 원을 잃은 것이고, 이때는 절망하지 않는다. 속상하기는 하지만 그래도 투자 판단과 결정에 영향을 미치지는 않는다.

장기투자에는 분산투자가 필수다

투자 관련 서적에서는 분산투자 포트폴리오가 큰 손실을 보지 않고 적정 수익률을 얻는 데 필요한 투자 방법이라고 강조한다. 하지만 내가 보기에 분산투자 포트폴리오는 큰 손실을 보지 않게 해준다는 점보다는 투자 과정에서 심리적 절망과 패닉을 피할 수 있게 해준다는 점에서 더 큰 의미가 있다. 분산투자를 하지 않고 한두 종목에 '올인all in'하면 그 종목이 폭락했을 때 필연적으로 마음에 타격을 받는다. 이때 마음이 힘들어진다는 것보다, 이 경우 제대로 된 투자 판단을 할 수 없게 된다는 게 문제다. 분산투자를 해야 몇몇 종목이 폭락해도 심리적 타격이 최소화된다. 이럴 때만 장기투자를 계속 유지할 수 있다.

이렇게 분산투자를 하면 수익률이 낮아지지 않느냐고? 장기투자는 10%, 20% 수익을 바라고 하지 않는다. 최소 몇 배 수익을 바라고 한다. 장기투자를 하면서 몇십% 수익률을 바란다면 이는 방향을 잘못 잡은 것이다. 분산투자라도 수익이 몇 배 난다면 전체 수익률은 높아진다.

장기투자에서 중요한 건 지식이나 정보, 혹은 굳은 결심이 아니다. 몇십% 폭락해도 심리적으로 큰 타격이 없는 분산투자 포트폴리오를 만드는 것이다. 그게 장기투자를 유지할 수 있는 방법이라고 본다.

THE PSYCHOLOGY of BIG MONEY

02

돈으로 돈을 버는 분기점,
10억 원의 힘

지금 쓰고자 하는 내용을 과연 모두가 읽을 수 있는 글로 남겨도
되나 오랫동안 망설였다. 망설인 이유는 다른 게 아니다. 돈과 관
련된 나의 최근 경험을 주위 사람들에게 이야기했을 때 반응이 좋
지 않았기 때문이다.

"재수 없다."

"어떻게 이럴 수가 있나."

"뭔가 잘못된 것 같다."

"이 세상에 과연 정의가 존재하는가."

이런 얘기를 들었다. 내가 투자로 큰돈을 벌었다는 사실을 알
았을 때도, 내가 파이어족으로 살겠다고 선언했을 때도 이런 노
골적인 반응은 없었다. 마음속으로는 재수 없다고 생각했을지 몰

라도, 최소한 겉으로는 부정적 반응을 보이지 않았다. 하지만 이 건과 관련해서는 대놓고 부정적 반응들을 보였다. 사실 나도 이런 반응을 이해한다. 나에게 일어난 일이고 내가 직접 경험한 일이기에 별말 없이 담담하게 받아들이는 것이지, 만약 다른 사람에게 이런 일이 일어났다는 사실을 알면 나도 "이건 아닌 것 같은데……" 하면서 비판적으로 반응했을 테다.

주변 반응은 주로 "재수 없다, 이럴 수가 있나"였지만, 어쨌든 돈과 관련된 이야기로는 최근 내가 겪은 것 중 가장 큰 사건이었다. 돈의 속성이나 시스템과 관련해 나도 전혀 예상하지 못했던 일이다. 돈에 대해 좀 더 이해하려면 필요한 이야기이고, 그런 의미에서 그 이야기를 적어본다.

파이어족이 되자 지출이 더 많아졌다

나는 2021년 8월 말 직장을 그만두고 파이어족으로 살고 있다. 직장에서 정년까지 벌 수 있는 현금 수입을 투자로 벌었고, 그 돈으로 어쨌든 살아갈 수 있을 것이라고 생각했다. 그런데 직장을 그만두고 파이어족 생활을 시작하면서 예상하지 못한 일이 벌어졌다.

첫째, 지출이 생각보다 많았다. 직장을 다닐 때보다 지출액이 훨씬 더 컸다. 생각해보면 당연한 일이다. 직장을 다닐 때는 주말에만 놀러 갈 수 있다. 하지만 직장을 그만두면 평일에도 놀러 가게 된다. 직장을 다닐 때는 여행을 맘대로 갈 수 없다. 돈이 있어도 휴가, 연휴 등 날짜가 맞아야 갈 수 있다. 하지만 직장을 다니지 않으면 아무 때나 여행을 갈 수 있다. 시간이 있으니 평소에 하고 싶었던 취미를 더 할 수도 있다. 그런데 그게 다 돈이다. 시간이 많아서 취미 활동을 더 하고, 여행을 더 다니고, 하고 싶은 것을 더 하다 보니 지출액도 커진다. '매달 이 정도 돈을 쓰면 되겠다'고 계획해 파이어족이 됐는데 지출액이 더 많았다. 있는 돈을 빼내서 쓰다 보니 이 지출액으로는 몇 년 후 분명히 문제가 생기고 만다. 자금 문제가 발생하리라는 건 예상되지만 이미 늘어난 지출 수준을 줄이는 일은 어렵다. 어떻게 해야 하나 고민하기 시작했다.

둘째, 직장을 그만둔 후 주식이 폭락했다. 2021년 말부터 미국 금리가 본격적으로 오르기 시작하더니 그야말로 주식, 암호화폐 등 자산들이 폭락했다. 주식시장에서는 10%, 20% 정도는 항상 떨어질 수 있다고 봐야 한다. 그래서 그 정도 떨어지는 것은 별 상관이 없게끔 준비를 해둔 상태였다. 하지만 미국 나스닥 지수가 이 기간에 1만 6,000에서 1만 정도로 거의 40%가량 떨어졌다. 암호화폐는 이보다 더 떨어졌다. 이러면 타격을 받는다.

이 기간에 주변 사람들로부터 많은 연락을 받았다. 직장을 그만두고 수익도 없는 상태에서 미국 주식을 가지고 있을 텐데 주가가 이렇게 폭락해도 괜찮느냐는 연락이었다. 걱정하는 사람도 있었고, 내가 망하지 않았나 떠보는 사람도 있었다. 망한 건 아니지만 그래도 자산 규모가 크게 줄어든 건 사실이다. 현 생활수준으로는 몇십 년 버티기도 힘들다. 뭔가 대책을 세워야 했다. 고민이 늘어났다.

이대로라면 몇십 년 후 파산할 수 있다는 걱정이 늘어날 때, 미국 주식이 본격적으로 회복되기 시작했다. 2022년 1만까지 떨어졌던 나스닥 지수가 2024년 들어서는 이전 기록인 1만 6,000을 넘어 사상 최고치를 계속 경신했다. 또 비트코인도 다시 오르기 시작했다.

2024년, 자산이 오히려 증가했다

2024년 초, 드디어 2021년 8월 내가 직장을 그만뒀을 때의 자산 규모로 회복됐다. 나는 그동안 새로 돈을 번 게 아니라, 모아둔 돈을 쓰면서 살았다. 그러니 주어진 자산에서 생활비만큼은 계속 줄어든다. 2년 반 동안 생활비를 빼왔으니 최소 그만큼은 자산 규모가 작아져야 한다. 그런데 그만둘 때 자산 규모와 같았다. 이 말은 내가 지난 2년 반 동안 써온 돈이 모두 다 메워졌다는 뜻이다. 나는 절약하면서 살지 않았다. 오히려 이전보다 훨씬 더 많은 돈을 썼다. 이렇게 써도 되나 걱정하면서도 지출을 줄이지 못했다. 그런데 그렇게 2년 넘게 쓴 돈이 모두 다 채워졌다. 이게 이럴 수도 있구나, 놀랐다. 주변 친구들에게 말했다. 친구들은 내가 정말로 아무런 소득 활동을 하지 않고 놀기만 했다는 사실을 안다. 그런데 그 돈이 다 메워졌다고 한다. "재수 없다"는 아주 노골적인 반응이 나온 이유다.

그런데 정말 놀란 건 그다음이다. 미국 주식, 비트코인은 거기서 멈추지 않았다. 2024년 봄, 그 둘은 계속해서 올랐다. 그러면서 내 자산 규모는 더 늘어났다. 몇% 늘어난 게 아니라, 몇십% 이상으로 대폭 늘었다. 직장을 그만두고 수익 활동을 하지 않은 채 펑펑 쓰기만 했다. 그런데 오히려 재산이 늘었다. 조금 늘어난 게 아니라, 훨씬 많이 늘었다. 사실 이건 내 주위 사람들을 화나게 했다. "재수 없다"는 정도를 넘어서서 "이 사회에 정의가 존재하는가" "사회 시스템이 뭔가 잘못된 거다"라는 반응이 나왔다.

그런데 이건 나도 전혀 예상하지 못했던 일이다. '이게 이럴 수도 있구나'라면서 놀라워하고 있다.

그래서 오래된 부자는 돈 걱정이 없다

이런 경험을 하면서 이전에 읽은 책 구절을 다시 발견했다. 어떤 책에서 금융자산 10억 원을 만들면 자산 규모가 줄어들지 않으며, 일하지 않고 살아갈 수 있다고 했다. 금융자산 10억 원에서 5% 이자 수익을 얻으면 연 5,000만 원이다. 연 5,000만 원으로 살면 자산 규모를 그대로 유지한 채 평생 지낼 수 있다. 금융자산 20억 원이면 연 1억 원을 생활비로 써도 자산 규모가 줄지 않는다. 만약 그 이상 자산이 있다면? 그러면 연 1억 원 생활비를 써도 자산이 오히려 늘어난다. 일하지 않고 돈을 쓰기만 하는데도 오히려 자산이 늘어나는 것, 그 임계점이 금융자산 10억 원이다. 생활비가 1억 원이라면 20억 원이 있으면 된다. 그러니 그 선만 넘으면 된다. 처음부터 몇십억, 몇백억 돈을 벌려고 할 필요가 없으며, 그 선만 넘으면 일하지 않고 부자로 생활하면서도 점점 더 큰 부자가 될 것이다.

또 다른 책에서는 갓 부자가 된 사람의 사고방식을 이야기했다. 처음 부자가 된 사람은 그 돈을 잃을 수도 있다고 생각해 고민하고 전전긍긍한다. 아예 부자가 되지 않았다면 모를까, 부자가 됐다가 다시 돈이 없어지는 것은 엄청난 불행이다. 그래서 처음 부자가 된 사람은 누리지 못하고 고민이 많다. 그런데 어느 수준 이상 자산이 쌓이면 그 자산은 저절로 증가한다. 돈을 써도 자산이 늘어나 계속 부자로 남는다. 그 시스템을 아는 부자는 자신이 다시 가난해지는 것은 아닐까 걱정하지 않고 그냥 누리면서 살 수 있다. 하지만 처음 부자가 된 사람은 그걸 모른다. 그래서 처음 부자가 된 사람과 오랫동안 부자였던 사람은 사고방식이 다르다. 오래된 부자는 돈 쓰는 것을 별로 걱정하지 않는다. 쓰는 돈보다 자산이 증가해 더 많은 돈이 생길 거라는 사실을 알기 때문이다.

예전에도 이런 이야기는 알고 있었다. 하지만 실감하지 못했고, 무슨 말인지 이해하지 못했다. 그런데 스스로 이 과정을 경험하면서 이 말이 무슨 의미인지 제대로 이해하게 됐다. 일정 수준을 넘으면 자산은 그 자체로 증식한다. 이때는 돈을 더 벌려고 노력할 필요가 없고, 관리만 잘하면 된다. 관리만 잘해도 이전보다 더 많은 돈이 생길 수 있다.

주변 사람들한테 절망을 느끼게 한 나의 경험이지만, 그래도 긍정적 측면도 있었다. 사람들은 평안한 노후를 위해, 돈 걱정을 하지 않기 위해, 일하지 않아도 잘살 수 있는 부자가 되기 위해 어느 정도 돈이 필요한지 감을 잡기가 힘들다. 그런데 이제 그 정확한 액수를 알게 된 것이다. 금융자산 10~20억 원만 만들면 된다. 그러면 그다음부터는 충분히 돈을 쓰면서도 재산이 늘어날 수 있다. 구체적 수치의 목표가 제시됐다는 것, 그게 내 주위 사람들이 내 경험에서 얻은 긍정적 측면이다.

THE PSYCHOLOGY of BIG MONEY

03

8달러에 산 엔비디아,
시가총액 1위여도 안 판 이유

2024년 7월, 오랜만에 옛 친구를 만났는데 이 친구가 나를 보고 물었다.

"표정이 별로 좋지 않은데. 무슨 일 있어?"

"어제 주식을 팔았어. 내년 5월에 몇천만 원 정도 양도소득세를 내야 하는데, 어떻게 해야 하나 고민되네."

미국 주식은 1년 동안 발생한 거래 수익에 대해 그다음 해 5월에 20% 정도를 세금으로 내야 한다. 250만 원 수익까지는 세금을 내지 않는데, 그 이상 수익이 나면 세금을 내야 한다. 1,000만 원 수익이 나면 150만 원, 1억 원 수익이 나면 약 2,000만 원, 5억 원 수익이면 1억 원 정도를 세금으로 낸다.

"그럼 국내 주식을 하는 게 더 좋은 거 아냐?"

"미국 주식은 수익의 20% 정도를 세금으로 내는 건데, 국내 주식은 그보다 훨씬 더 세금이 많을 수 있어."

미국 주식 양도소득세 20%

미국 주식의 양도소득세는 무조건 수익의 20%다. 그런데 한국 주식은 종목에 따라 다르다. 일반적인 주식은 수익에 대해 세금이 없다. 그러나 해외 주식 상품을 거래하는 ETF, ETN 등은 그 수익이 종합소득에 포함된다. 1년 소득이 어느 수준 이상이 되면, 주식시장에서 얻은 수익에 대해서 35%, 50% 세금이 부과된다. 미국 주식을 거래할 때는 그냥 그 주식이 오를지 아닐지만 고려하면 된다. 세금은 무조건 수익의 20%다. 하지만 한국 주식은 아니다. 어떤 주식을 얼마나 사느냐, 또 수익을 얼마나 올리느냐에 따라 세금이 달라진다. 따라서 한국 주식시장에서 거래할 때는 세금이 얼마 나올지를 미리 생각해가면서 해야 한다. 아무 생각 없이 거래하다 큰 수익이 나면, 다음 해에 수익의 50%를 세금으로 내는 일이 벌어질 수 있다. 이것저것 따지는 거 귀찮고, 또 세세한 것에 신경 쓰기 싫어하는 나 같은 사람에게는 무조건 20%를 세금으로 내는 미국 시장이 더 편하다.

친구는 또 묻는다.

"어떤 종목을 팔았는데?"

"엔비디아. 다 판 건 아니고, 일부 팔았지."

내가 엔비디아 주식을 가지고 있었다는 걸 아는 사람들은 보통 언제, 얼마에 샀는지를 물어본다.

"한 4~5년 됐어."

이 대답에는 좀 놀란다. 엔비디아에 관심이 있는 사람들은 최근 1~2년 사이에 엔비디아 주가가 급등했다는 것을 안다. 내가 엔비디아를 매수할 당시는 엔비디아 열풍이 나타나기 전이다.

"최소 몇 배는 벌었겠네."

이 대화를 할 때 엔비디아 주가는 120달러가 좀 넘었다. 그리고 내 엔비디아 매수 가격은 8.026달러로 찍혀 있었다. 산 가격에서 열다섯 배가량이 올랐으니, 엔비디아 주식으로 크게 성과를 낸 것은 맞다.

2024년 들어 주변에서 주식 성적이 어떠냐고 물어볼 때, 나는 이런저런 말을 할 필요가 없었다. 그냥 한마디만 하면 됐다.

"나 몇 년 전부터 엔비디아를 가지고 있었어."

몇 년 전에는 "넷플릭스를 가지고 있었어"라고 하면 더 이상 말을 할 필요가 없었다. 2024년에는 "엔비디아를 가지고 있었어"라고 하면 상대방은 내 주식 성과에 대해 더 물어보지 않았다. 바로 "좋겠다, 많이 벌었겠다"라는 말만 나온다. 그런데 재미있는 건 여기서부터다. 사람들이 내가 뭔가 통찰력이 있는 것으로 생각한다. 주식을 잘 고르고, 또 앞으로 어떻게 될지 미래를 예측하는 뭔가가 있다고 생각한다. 그래서일까, 친구가 물어본다.

"4~5년 전이면 AI에 대해 아무런 말도 없었을 때다. 그런데 그 때 어떻게 그런 걸 예상했어?"

최근 급등한 엔비디아 주식

최근 엔비디아는 AI 열풍을 타고 급등했다. 그 주가 급등의 수혜를 대부분 챙긴 나는 AI 시대가 올 걸 미리 예측하고 엔비디아 주식을 산 지혜로운 투자자다. 내가 지금 이렇게 AI 시대가 올 것을 예상했다고 떠들어대면, 혹은 최소한 입 다물고 가만히만 있다면 그런 통찰력 있는 투자자 행세를 하는 것도 가능할 것 같다. 그러나 분명히 말해 난 AI 시대를 예측하지 않았다. 그리고 사실 AI에 대해 그리 긍정적이지도 않다. 또 AI 시대에 엔비디아가 주목을 받으리라는 것도 전혀 예상하지 못했다.

"그런 걸 어떻게 미리 아냐. 그건 아무도 모르는 거잖아."

"그럼 어떻게 아무도 엔비디아에 관심이 없을 때 엔비디아 주식을 살 수 있었어?"

내가 엔비디아를 산 이유는 간단하다. 몇 년간 매출과 이익이 연 20% 정도씩 계속 오르는 기업이었기 때문이다. 단지 그뿐이다. 엔비디아에 대해 뭔가 전문적인 지식이 있었던 것은 아니다. 반도체 기업이라는 것은 알았다. 하지만 어떤 반도체인지는 잘 몰랐다. 그래픽 전문 반도체라고 하는데, 그래픽 전문 반도체가 뭔지, 다른 반도체와 어떻게 다른지, 소위 '문과생'이 알게 뭔가. AI로 사용할 수 있는 반도체인지도 알 수 없었고, 앞으로 어떤 반도체가 좋아질 거라는 예측도 없었다. 예측을 하려 해도 그럴 능력 또한 없다. 내가 본 건 단순하다. 매출과 이익이 계속 오르는가. 매출과 이익이 계속 오르면 주가는 분명 오른다. 단기간으로는 왔다 갔다 할 수 있지만 장기적으로는 분명 오른다. 내가 주식을 사는 기준은 그것뿐이고, 엔비디아는 그걸 충족하는 기업이었을 뿐이다.

친구는 또 물어본다.

"설사 예전에 엔비디아 주식을 사서 가지고 있었다 하더라도, 그걸 어떻게 열 배 넘게 오를 동안 팔지 않았어? 얼마 전 엔비디아 시가총액이 세계 1위가 될 정도로 올랐는데, 어떻게 그때도 팔지 않았던 거야? 그 정도 수익을 올리면 팔게 되어 있는데……."

여기에 대한 내 대답도 간단하다.

"엔비디아의 매출과 이익이 계속 증가하고 있었으니까."

내가 주식을 사는 기준은 '몇 년간 매출과 이익이 계속 오르면'이다. 마찬가지로 주식을 파는 기준은 '매출이나 이익이 떨어지면'이다. 1년 정도는 봐준다. 하지만 1년 이상 매출이나 이익이 감소하면 판다. 매도 기준이 '수익률이 몇%이면', '얼마를 벌면'이 아니다. 그러니 수익이 열 배가 되더라도 매출과 이익이 떨어지지 않는 한 팔지 않는다. 엔비디아는 그사이 매출과 이익이 떨어지지 않았다. 세계 시총 1위가 되더라도 팔지 않은 이유다.

"그럼 이번엔 왜 안 팔았어? 매출과 이익이 줄어들 거 같아?"

"엔비디아의 매출과 이익이 더 늘지, 줄지는 알 수 없어. 내가 엔비디아 주식을 판 이유는 포트폴리오상으로 문제가 있어서지. 엔비디아가 크게 오르면서 가지고 있는 주식 종목 중에 엔비디아 비중이 너무 커졌거든. 웬만하면 그냥 가겠는데, 엔비디아 비중이 너무 높아지다 보니 이건 조정이 필요하겠더라고. 그래서 일부 팔아서 비중을 좀 줄였지."

매출, 이익에서 문제가 없어 매도할 때가 아니더라도 몇몇 종목에 올인하거나 '몰빵'하는 형태가 돼서는 곤란하다. 올인하지 않는 게 더 우선이다.

이 친구도 주식을 한다. 굉장히 오랜 시간 주식을 해왔고, 공부도 많이 한다. 반도체 기업들이 유망하다고 해서 반도체 공부도 많이 하고, 반도체 시장에 대해서도 일가견이 있다. 이 친구가 보기에 난 주식 공부를 거의, 아니 전혀 하지 않는 사람이다. 반도체 기업들의 특징도 모르고, 지금 '핫'한 AI 수혜주들에 대해서도 아는 게 없다. 지난 2023년 열풍이 불었던 이차전지 기업에 어떤 회사가 속해 있는지도 잘 모른다. 그러면서도 엔비디아 주식으로 큰 수익을 냈으니 이게 뭔가, 할지도 모른다.

미래에 대한 통찰이 없어도 수익을 낼 수 있다

그에 대한 내 변명은 이렇다. 투자를 잘하기 위해서 과거 자료를 공부하고, 현상을 파악하고, 기업을 분석하고, 그래프를 조사하고, 미래를 예측하고 등등 열심히 할 수도 있다. 그렇게 하면 분명하지 않는 것보다 더 나을지도 모른다. 하지만 그냥 자기 나름대로 투자 원칙을 마련하고 그에 따르는 것, 그 원칙대로 걷기만 하는 것, 그것만으로도 충분한 수익을 거둘 수 있다. 똑똑하고 통찰력 있는 사람이 되기 위해서는 많이 아는 것이 필요하다. 하지만 돈을 벌기 위해서는 많이 아는 것이 필요 없다. 반도체에 대해 몰라도, AI 시대를 몰라도, 미래를 예측하는 통찰력이 없어도 그냥 매출과 이익이 오르는 주식을 산다는 원칙만으로 큰 수익을 올리는 게 가능하다. 그럴 수도 있다는 하나의 사례로, 내가 엔비디아 주식을 산 경험을 이야기한다.

THE PSYCHOLOGY of BIG MONEY

04

11년 주기의 경제위기,
대폭락 시기를 대비해야 '큰돈' 번다

오랫동안 친하게 지낸 후배가 찾아왔다. 그는 나에게 어떻게 하면 큰돈을 벌 수 있는지를 물었다. 현재 자신의 자산 상황을 말하고는 어떻게 투자하면 소위 말하는 부자가 될 수 있느냐고 했다. 앞으로 어떤 주식이 오를지, 무얼 사면 폭등할지, 어떤 부동산을 사면 좋을지 등등은 나도 모른다. 아, 분명히 말할 수 있는 건 있다. 서울 압구정 아파트는 분명 더 오를 거라고 생각한다. 강남에 아직 재건축이 안 된 아파트들도 더 오를 것이다. 하지만 이건 이미 충분히 자산이 있는 사람들만 살 수 있다. 강남 재건축 아파트를 사서 새 아파트가 완성될 때까지 분담금을 다 내고 보유할 수 있다면 이미 부자다. 이건 부자들의 투자법이지 부자가 될 수 있는 투자법은 아니다.

"이렇게 하면 부자가 될 수 있다"고 확실하게 말할 수 있는 투자처는 없다. 나도 주식과 부동산 등을 가지고 있지만, 이건 확실한 길은 아니고 어디까지나 확률론일 뿐이다. "오를 가능성이 크다"고 말할 수 있을 뿐, "분명히 큰돈을 벌 수 있다"고 말할 수 있는 건 아니다. 이 후배는 큰돈을 벌 수 있는 좀 더 확실한 방법을 원했다. 확실하게 큰돈을 벌 수 있는 투자 '종목'은 없다. 다만 확실하게 큰돈을 벌 수 있는 투자 '방법'이 있기는 하다. 지금 당장은 아니지만, 10년 사이 분명 큰돈을 벌 수 있는 방법이다.

경제위기는 주식 바겐세일의 시간

경제학에는 '주글러 순환Juglar cycle'이라는 게 있다. 경제 불황이 10~11년 간격으로 발생하는 현상을 말한다. 주글러 순환이라는 학문적 용어를 끌어들이지 않아도, 보통 10년에 한 번 정도는 금융위기, 경제위기가 발생한다. 최근에는 1997년 IMF(국제통화기금) 구제 금융 사태로 대변되는 아시아발* 외환위기, 2008년 서브프라임 사태에 따른 세계 금융위기, 그리고 2020년 코로나19 사태에 따른 경제위기 등이 있었는데, 모두 11년 정도 간격이다.

이런 경제위기, 금융위기가 발생하면 주식이 대폭락한다. 주식뿐 아니라 부동산 등 모든 자산이 대폭락한다. 그리고 위기가 극복되면 자산 가격은 이전 수준으로 회복된다. 아니, 최근에는 경제위기가 오면 세계 각국이 돈을 푸는데, 그 돈의 영향으로 자산 가격이 이전보다 더 높은 가격대로 오른다. 이 주기적인 현상을 받아들이면 큰돈을 버는 방법도 자연히 알게 된다. 금융위기로 주가가 폭락했을 때 주식을 매수하면 된다. 그러면 경제가 회복됐을 때 큰 수익을 얻을 수 있다. 금융위기 때는 보통 주식이 평균 50%는 떨어지는데, 이후 주가가 회복되면 못해도 두 배는 번다. 실제로는 절대적인 우량주이면서 80~90% 떨어지는 종목도 수두룩하다. 이런 걸 잡으면 다섯 배, 열 배 수익도 충분히 가능하다. 준비된 투자자에게 금융위기는 10년에 한 번씩 오는 '바겐세일장'이다.

하지만 금융위기 때 수익을 얻는다는 건 실제 쉬운 일은 아니다. 가장 중요한 건 주식이 폭락했을 때 계속 살 수 있어야 한다는 점이다. 그런데 주식을 사려면 돈이 있어야 한다. 금융위기는 사람들이 돈이 없기 때문에 금융위기다. 이럴 때 새로 주식을 사려면 평소 자금 관리를 굉장히 잘해야 한다.

일단 평소 빚을 내서, 특히 증권회사에서 신용을 얻어 주식투자를 하는 사람은 금융위기가 발생하면 굉장히 위험해진다. 엄청난 주가 폭락으로 가진 돈을 모두 잃고 거대한 부채만 남기 쉽다. 신용으로 주식투자를 하는 사람은 금융위기 때 파산하지 않으면 다행이다.

가진 돈 전부를 주식에 투자한 사람도 마찬가지다. 이런 사람은 빚더미에 앉지는 않지만, 엄청난 자본가치 하락으로 힘들어한다. 가진 돈을 전부 이미 주식에 넣었기에 새로 주식을 살 돈이 없다. 폭락한 주가가 크게 회복되는 과정을 그냥 바라보고만 있어야 한다.

돈을 가진 사람만 폭락한 주식을 살 수 있다. 이 사람들은 금융위기 때 몇 배 수익을 올리곤 한다. 즉 주가 대폭락 시기에 새로 주식을 살 만한 자본이 있느냐 없느냐가 중요하다. 다만 그것도 간단한 건 아니다. 주식이 폭락하면 주식을 산다. 그런데 주식이 더 떨어진다. 또 산다. 그러면 또 떨어진다. 그렇게 계속 떨어지니 금융위기인 것이다. 이렇게 상상 못 할 가격으로 계속 떨어져도 주식을 살 수 있는 돈이 있어야 한다. 주가가 떨어져도 계속 우량주 주식을 살 수 있으면 큰돈을 번다. 하지만 더는 주식을 살 돈이 없으면 거기까지다.

금융위기에 대비해 투자금은 늘 준비해야 한다

가지고 있는 현금을 다 쓴다 해도 새로 어디서 현금이 나올 수 있으면 괜찮다. 어쨌든 폭락한 주식을 충분히 매수하는 것, 그리고 회복될 때까지 기다리는 것이 중요하다. 말은 간단한데, 실제로는 그리 간단하지 않다. 보통 사람은 주가가 폭락해도 새로 살 돈이 없다. 또 20%. 30% 수익이 나면 바로 팔아버리는 사람은 주가 회복의 큰 장에서 큰 수익을 얻지 못한다.

즉 중요한 건 자금 관리다. 금융위기에 대비해 투자금을 준비하고, 금융위기가 왔을 때 그 자금을 어떻게 분배해 새로 투자할지에 대한 고민, 그리고 그때 어떤 종목을 사면 좋을지에 대한 판단 등 이 세 가지만 제대로 작동하면 금융위기 때 큰돈을 벌 수 있다. 가장 최근 경제위기는 2020년 코로나19 사태 때였다. 이미 5년이 지났고, 앞으로 5~6년 후에는 또 다른 경제위기가 닥칠 거라고 예상할 수 있다. 이때 잘하면 한몫 챙길 수 있다.

　　후배는 몇 년 후 다시 다가올 경제위기를 미리 준비하고, 그때 잘하면 자산이 몇 배로 증가할 수 있다는 말에 희망을 가졌다. 경제위기 때 투자할 자금을 마련하고, 경제위기로 주식과 부동산 가격 등이 폭락했을 때 우량주를 매수하면 분명 큰돈을 벌 수 있을 거 같다. 후배가 이렇게 굉장히 긍정적으로 반응하는 것을 보면서 그가 정말 그렇게 할 수 있을까 하는 생각을 했다. 사실 이런 시스템을 이 후배와 처음 이야기한 게 아니다. 2010년대 초반에 똑같은 이야기를 했다.

　　당시 경제·투자 분야 베스트셀러 책에 앞으로 금융위기가 다가온다는 얘기가 있었다. 한국 경제, 세계 경제를 분석하면서 2020년 전에 금융위기가 올 것을 예측했다. 그리고 금융위기로 주가가 폭락했을 때 우량주를 사면 부자가 될 수 있다고 제시했다. 그러니 지금부터 그때 투자할 돈을 모으고, 특히 금융위기 때 힘을 발휘하는 달러 자산을 보유하며, 상대적으로 안전한 채권을 가지고 있다가 금융위기로 주가가 폭락하면 주식으로 갈아타라고 했다. 그때 후배와 책 내용에 대해 같이 이야기했고, 그 내용대로 금융위기에 대비하는 투자를 해보자고 했다.

폭락 시기에 주식 못 사면 허사

책에서는 2020년 전에 금융위기가 온다고 했지만, 이때 금융위기는 없었다. 그 대신 2020년 코로나19 사태로 인한 대폭락이 있었다. 금융위기로 폭락하든, 코로나19로 폭락하든 원인은 중요하지 않다. 어쨌든 주식은 폭락했고, 몇 개월 지나지 않아 회복됐다. 나는 이때 큰돈을 벌었다. 주식 폭락 시기에 주식을 팔지 않고 오히려 더 살 수 있었기 때문이다. 2021년 말 금리인상에 따른 주가 폭락도 나에게는 큰 기회였다. 주가가 폭락하는 와중에도 나는 계속 주식을 살 수 있었다. 그때 산 주식들이 원 가격으로 회복되면서 또 한 번 자산이 늘었다. 폭락 시기에 주식을 살 수 없었다면 자산도 늘어나지 못했을 것이다.

2010년 초반 책에서 배운 금융위기 투자법이 큰 도움이 됐다. 그런데 같이 책 내용을 이야기했던 후배는 기회를 살리지 못했다. 2010년에 금융위기를 준비하자고 결심했지만, 몇 개월 지나 잊어버렸다. 그렇게 잊어버리니, 2020년 주가 대폭락은 그냥 새롭고 놀라운 사실이었을 뿐이다.

다음 위기는 아마 2030년쯤에 올 것이다. 그때를 대비해야겠다고 지금 얘기하는데, 과연 5년 넘게 준비하면서 기다릴 수 있을까. 그때를 대비해 투자법을 정비하고 투자 종목을 판단하는 능력을 키울 수 있을까. 그게 되면 이 후배는 다음 경제위기 때 큰돈을 벌 수 있을 것이다. 하지만 그렇지 못하면 그때 경제위기는 또 속수무책으로 당하기만 하는 시기가 될 것이다. 어쨌든 이제 나도 다음 경제위기를 준비하려 한다. 2030년쯤 경제위기가 올 텐데, 이때 어떻게 해야 할까. 나는 지금부터 고민하고 있다.

<u>05</u>

긍정적 사고방식과 부富

최근 사람들의 소득에 따라 사고방식도 다르다는 연구 결과가 다수 제시되고 있다. 음식의 경우 가난한 사람은 양이 많은 것을 좋아하고, 일반 사람은 맛있는 것을 좋아하며, 부자는 모양이 예쁘고 멋있어 보이는 것을 좋아한다는 식이다. 또 가난한 사람은 돈은 소비하는 것이니 돈이 생기면 바로 써야 된다고 생각하고, 중산층은 돈은 저축하고 관리해야 하는 것이라고 생각한다. 이에 반해 부유층은 돈은 보존하고 투자해야 하는 대상이라고 본다.

이런 식으로 소득 수준에 따라 사고방식이 다르다는 대표적인 연구 결과 중 하나로 미국 코넬대 다스Das 연구팀의 '사회경제적 지위와 경제 전망 간 관계'에 관한 연구가 있다. 이 연구는 1978년부터 2014년까지 매달 400명씩 조사한 결과를 바탕으로 한다. 이

조사에서는 앞으로 경제가 좋아질 것이라고 보는가 안 좋아질 것이라고 보는가, 실업률은 좋아질까 나빠질까, 자신의 재정 상황은 1년 전보다 좋아졌는가 등을 물어봤다.

부자의 전제 조건, 미래를 긍정하기

총 18만 건의 자료를 분석한 결과는 이렇다.

고소득자, 교육을 많이 받은 사람은 미래를 긍정적으로 바라봤다. 경제가 지금보다 나아질 것이라고 생각하는 정도가 높았다. 특히 교육을 많이 받은 사람보다 고소득자가 더 긍정적이었다. 이들은 주식시장, 자산시장에 대해 앞으로 나아질 것이라는 긍정적인 생각을 지녀 투자를 더 많이 했고, 그래서 더 높은 소득을 올렸다. 반면 저소득자, 교육을 덜 받은 사람은 미래에 대해 덜 긍정적이었다. 즉 이 연구의 결론은 고소득자와 저소득자는 미래 전망이 서로 다르다는 것이었다. 이렇듯 사람들은 자신의 사회경제적 상태에 따라 다른 사고방식을 지니고 있다.

이 논문을 읽으면서 이게 뭔 소리인가 했다. 이 논문은 연구 자료도 풍부하고 연구 방법도 적정했다. 하지만 논리를 완전히 잘못 잡았다. 이 논문에서는 '고소득자⇒미래에 대해 긍정적으로 전망, 보통 사람들⇒미래에 대해 부정적으로 전망'이라고 결론 내렸다. 그러나 이건 인과관계가 잘못됐다. '고소득자⇒미래에 대해 긍정적으로 전망'이 아니라, '미래에 대해 긍정적으로 전망⇒고소득자'가 맞다. 즉 고소득자가 미래를 긍정적으로 보는 게 아니라, 미래를 긍정적으로 보는 사람이 고소득자가 되는 것이다. 또 미래에 대해 긍정적인 사람이 더 교육을 받고 학력도 높다. '미래에 대해 긍정적인 사고방식 갖기'가 부자나 교육을 많이 받은 사람이 되기 위한 전제 조건이다.

내가 대학원에서 석·박사 과정을 밟을 때 해외 유학을 갈까 말까 고민하던 동기가 있었다. 유학을 다녀오면 교수가 될 가능성이 커진다. 하지만 분명히 교수가 될 수 있는 건 아니다. 유학을 간다고 반드시 학위를 따는 것도 아니고, 또 학위를 따 와도 제대로 된 직장을 가지지 못하는 경우도 많다. 유학은 비용이 많이 들고 시간도 많이 소요된다. 그렇게 큰 투자를 했는데 나중에 자기가 원하는 교수가 되지 못하면 정말 돈, 시간을 낭비한 것밖에 되지 않는다. 이때 유학을 가야 할까, 말아야 할까.

'나는 유학을 가면 문제없이 학위를 딸 수 있다' '학위를 따 오면 교수가 될 수 있다'고 생각하면 유학을 갈 수 있다. 하지만 '나는 학위를 따서 돌아와도 교수 되기가 힘들 것 같다'고 생각하면 유학을 갈 수 없다. 긍정적으로 생각하는 사람만 유학을 떠나고 나중에 교수가 된다. 꼭 유학이 아니라도 마찬가지다. 대학을 가면 더 좋을 거라고 생각하는 사람이 대학을 가고, 석·박사 학위를 따면 미래가 더 좋아지리라고 생각하는 사람이 대학원 과정을 밟는다. '석사를 따는 게 무슨 소용이 있어'라고 생각하는 사람은 대학원에 가지 않는다. 학원의 경우도 학원을 다녀서 더 많이 배우면 좀 더 나아질 거라고 생각하는 사람만 학원에 다닌다. 긍정적인 사고방식을 가진 사람이 더 교육을 많이 받는 이유다.

미래를 긍정적으로 바라봐야 투자가 가능하다

고소득자, 부자가 되는 길도 마찬가지다. 투자로 돈을 벌 수 있다고 생각하는 사람만 투자할 수 있다. 앞으로 주식이 오를 거라고 생각하는 사람만 투자할 수 있다. 집값이 앞으로 오를 거라고 생각하는 사람만 집을 살 수 있다. 또 앞으로 계속 좋아질 거라고 생각하는 사람은 주식, 부동산을 오래 들고 있을 수 있다. 투자를 오래 한 사람만 부자가 될 수 있는데, 이는 곧 미래를 긍정적으로 바라보는 사람만 부자가 될 수 있다는 의미다.

주가가 오르지 않을 거라고 생각하는 사람은 주식을 하지 않는다. 설령 하더라도 오랫동안 들고 있을 수 없다. 지금 올라도 언제 떨어질지 모르기 때문에 조금 수익이 나면 바로 팔아서 이익을 실현해야 한다. 집값이 떨어질 거라고 생각하는 사람은 집을 살 수 없다. 앞으로 경기가 나빠진다고 생각하면 주식이건 부동산이건 투자를 할 수 없다. 설령 분위기에 휩쓸려 투자하더라도 큰돈을 투자할 수 없고, 오래 투자할 수 없다. 투자 수익률이 낮을 수밖에 없다.

직장 생활도 마찬가지다. 이 회사가 튼튼하고 잘될 것이고, 나도 잘될 수 있다고 생각할 때 회사 생활을 열심히 하고 오래 다닐 수 있다. 그렇게 오래 하다 보면 고위직이 될 수 있고, 회사 고위직을 오래 하면 재산이 늘어난다. 하지만 '이 회사에는 미래가 없어' '이 회사에 내 자리는 없어'라고 생각하는 사람은 고위직이 될 때까지 오래 머무르지 않는다. 설령 오래 머무른다고 해도, 이사나 CEO가 될 수 있다고 생각하며 일하는 사람보다 열심히 일하지 않는다. 본인은 똑같이 열심히 한다고 생각할지 몰라도, '나는 잘될 수 있어'라고 생각하며 일하는 것과 '이렇게 해도 소용없는데'라고 생각하며 일하는 것은 차이가 굉장히 크다.

어떤 사람은 긍정적 사고방식이 오히려 독이 된다고 보기도 한다. 주식시장이 붕괴하는데 시장을 긍정적으로만 보는 사람은 폭락하는 주식을 사서 망한다. 또 긍정적인 사람이 안 좋은 부동산을 사서 망한다. 회사가 부도 나기 일보 직전인데 '그래도 괜찮다' '잘될 것이다'라는 생각으로 매달린다. 긍정적인 사람은 현실을 제대로 보지 못하고 망할 확률이 높다. 그런데 이는 긍정적인 것과 낙관적인 것을 구분하지 못한 결과다. 경기가 불황에 빠지는데 '좋아질 거다', 회사가 분명 망하는 상황인데 '잘될 거다'라고 생각하는 건 긍정적인 게 아니라 낙관적인 것이다. 상황 판단 없이 무조건 잘될 거라고 생각하는 낙관주의는 누구든 망하는 길로 이끈다.

위에서 살펴본 다스 연구팀의 연구 결과에서도 이 점을 분명히 제시한다. 긍정적인 사람이라고 언제나 미래를 좋게만 보는 건 아니다. 보통 사람은 경기가 나쁠 때 나쁘다고 본다. 정확히 판단한다. 그런데 경기가 좋아지고 있을 때 좋아질 거라는 신호가 나와도 계속 안 좋을 거라고 판단한다. 나쁠 때는 나쁘게, 좋을 때도 나쁘게 전망한다. 반면 고소득자는 다르다. 경기가 나쁠 때는 나쁘다고 본다. 그 대신 경기가 좋아지고 있을 때는 좋아진다고 판단한다. 나쁠 때는 나쁘게, 좋을 때는 좋게 전망하는 것이다. 나쁠 때는 나쁘게, 좋을 때는 좋게 전망하는 게 긍정적인 사람의 특징이다. 보통 사람은 나쁠 때는 나쁘게, 좋을 때도 나쁘게 전망하고, 낙관적인 사람은 나쁠 때도 좋게, 좋을 때도 좋게 전망한다. 보통 사람은 좋을 때도 나쁘다고 전망하니 크게 성공하기 힘들고, 낙관적인 사람은 나쁠 때도 좋게 생각하니 망하기 쉽다.

지엽적 사고 여부도 중요하다

그렇다면 사회경제적 상태가 좋은 사람은 어떻게 해서 경기가 좋아질 때 앞으로 좋아질 거라고 전망하는 것일까. 다스 연구팀 논문에서는 그 점도 이야기한다. 사회경제적 상태가 낮은 사람은 지엽적 사고를 한다. 언론 뉴스의 영향을 크게 받고, 또 자기 주변 사람들의 상태를 기반으로 판단한다. 언론 뉴스는 완전히 호황이 될 때까지 항상 부정적인 이야기, 아니면 낙관적인 이야기만 한다.

이것을 기반으로 판단하면 부정적, 아니면 낙관적이 된다. 사회 경제적 상태가 높은 사람들은 언론 뉴스, 개별 사례 등에 흔들리지 않는 좀 더 넓고 객관적인 판단 기준을 가지고 있다. 그래서 언론에서는 계속 경기가 어렵다고 해도, 뭔가 나아지고 있다는 것을 감지해낸다. 염세주의자인지, 긍정적 인간인지 하는 개인적 성향도 중요하지만 지엽적 사고를 하느냐, 하지 않느냐도 중요한 영향을 미친다.

어쨌든 한 가지는 분명히 말할 수 있다. 다스 연구팀 논문에서 보듯이 긍정적 사고와 높은 사회경제적 상태는 분명 긴밀한 상관관계가 있다. 긍정적인 사람, 미래에는 나아질 거라는 전망을 하는 사람이 높은 사회경제적 상태를 달성할 수 있다. 사고방식은 중요하다.

THE PSYCHOLOGY of BIG MONEY

06

폭락한 주식에 물려 못 빠져나오는 이유, 매몰비용의 심리적 오류

친구가 가지고 있는 주식이 엄청나게 떨어졌다. 굉장히 좋은 회사라고 누구나 인정하는 주식인데도 떨어졌다. 손해가 막심하지만 지금은 팔려고 하지 않는다. 그 대신 이게 다시 오르기를, 수익을 바라기보다 매수한 가격대가 돼 손해를 메울 수 있기만을 바라고 있다.

"이 종목 언제쯤 회복될까."

친구가 물었다.

"이 회사 매출이나 이익이 오르고 있어?"

"아니."

"그럼 이 회사가 앞으로 크게 성장할 가능성이 있나."

"그럴 거라고 생각하고 샀는데, 지금 보니 잘 모르겠어."

"경기 순환적이라서 떨어졌다 올라갔다 떨어졌다 올라갔다 하는 주식인가?"

"그런 주기가 있지만, 지금은 그런 주기적 변화보다 더 떨어졌어. 지금 폭락은 그런 주기적인 게 아닌 것 같아."

"그럼 왜 이 주식이 앞으로 오를 거라고, 최소한 산 가격대로 회복될 거라고 생각하는 거야?"

"이만큼 내렸으니 오르지 않을까."

오하이오대 학생들 대상 실험

투자한 주식에 대해서는 이 주식이 왜 오를 거라고 생각하는지 근거가 있어야 한다. 그런데 암만 들어도 이 주식이 앞으로 오를 거라는 데 대한 합리적 근거가 없었다. '떨어졌으니 오를 수 있다' '올라야 한다' '손해는 메워야 한다'는 의미인데, 이건 주가가 오르는 근거가 아니라 단지 희망이고 바람일 뿐이다. 친구는 그 주식을 투자 개념보다 그냥 지금까지 투자한 금액이 아까워서 그냥 들고 있는 것이다. 투자의 '매몰비용 오류'다.

투자와 관련해 조심해야 할 심리적 오류 중 하나로 매몰비용 오류가 있다. 매몰비용 오류는 이미 투자한 금액이 아까워 제대로 된 선택을 하지 못하는 오류다. 매몰비용 효과를 제시한 선구적 연구로 할 리처드 아크스Hal Richard Arkes 미국 오하이오대 심리학과 교수의 실험이 있다.

오하이오대 학생들을 대상으로 다음과 같은 실험을 했다. 학생들은 먼저 미시간으로 스키 여행을 가는 티켓을 100달러에 구입했다. 몇 주가 지나서 이 학생들이 이번에는 위스콘신으로 가는 스키 여행 티켓을 50달러에 샀다. 이후 여행 일자가 확정됐는데, 미시간으로 스키 여행을 가는 날짜와 위스콘신으로 가는 날짜가 겹쳤다. 두 여행 모두 환불이 되지 않았다. 학생들은 미시간으로 갈지, 위스콘신으로 갈지를 선택해야 했다. 둘 중 학생들이 더 선호하고 더 재미있을 것 같다고 한 여행지는 위스콘신이었다. 그런데 더 비싼 돈을 지불한 곳은 미시간이었다. 둘 중 하나만 가야 할 때 학생들은 어디를 선택했을까.

재미가 덜할 것 같지만 100달러를 지불한 미시간으로 가겠다고 선택한 학생은 54%였다. 반면 50달러를 지불했지만 더 재미있을 것으로 보이는 위스콘신으로 가겠다고 한 학생은 46%였다.

스키 여행비는 이미 지불했고, 어떤 선택을 하든 이 지출은 변경되지 않는다. 그렇다면 자신이 가장 재미있게 놀 수 있을 것 같은 곳을 선택하는 게 합리적이다.

하지만 반수가 넘는 학생이 '더 재미있을 곳'보다 '더 많은 돈을 지불한 곳'을 선택했다. 미시간에 가지 않으면 100달러를 포기하는 것 같고, 위스콘신에 가지 않으면 50달러를 포기하는 것 같기 때문이다. 100달러를 포기하기 건 아깝다는 생각에 재미가 덜한 미시간을 선택한 것이다.

행동에는 매몰비용 규모도 영향을 미친다

또 연극 관람객들을 대상으로 '할인권 효과'를 살펴본 실험도 있다. 오하이오 극장에는 1년간 상연하는 모든 연극을 볼 수 있는 시즌권이 있다. 시즌권을 사려는 이들을 무작위로 구분해 어떤 사람들에게는 시즌권을 정가로 팔았고 어떤 사람들에게는 13% 할인 프로모션, 또 다른 사람들에게는 47% 할인 프로모션을 적용했다. 정가로 산 사람, 13% 할인해서 산 사람, 47% 할인해서 산 사람은 1년 동안 연극 관람 횟수에 차이가 있었을까.

처음 반년 동안 정가로 표를 산 사람은 평균 4.11회 극장을 찾았다. 13% 할인표를 산 사람은 3.32번, 47% 할인표를 산 사람은 3.29번 연극을 관람했다. 이들은 시즌권을 구입할 만큼 원래부터 연극 애호가였다. 그런데 티켓 구입 가격에 따라 방문 횟수가 달랐다. 비싸게 구입한 사람이 더 많이 방문한 것이다.

시즌권을 산 것이니 극장을 몇 번 방문하든 추가 비용은 없다. 그런데 똑같은 애호가라도 비싼 값을 주고 시즌권을 산 사람이 극장을 더 많이 찾았다. 비싼 가격에 티켓을 구매했을 때 자기가 이미 지불한 돈을 아까워하는 심리가 더 강했고, 그 마음이 행동으로 나타난 것이다. 매몰비용 크기가 사람들 행동에 실제로 영향을 미친다는 얘기다.

세 번째 실험. 항공회사가 신기술을 활용해 비행기를 개발하려 한다. 1,000만 달러(140억 원)를 연구비로 책정해 개발 중이고,

246

이미 900만 달러를 지출했다. 100만 달러만 더 지출하면 프로젝트가 완성된다. 그런데 경쟁사가 바로 그 신기술을 활용해 비행기를 완성했다는 소식이 들려왔다. 심지어 자사가 개발하는 비행기보다 성능이 더 좋았다. 이때 이 프로젝트를 계속 추진해 완성해야 할까, 아니면 프로젝트를 포기해야 할까.

프로젝트를 완성해봤자 이제 이익을 내는 건 불가능하다. 그런데 응답자의 85%는 100만 달러를 더 투자해 프로젝트를 완성하겠다고 응답했다. 포기하겠다고 한 사람은 응답자의 15%에 불과했다.

질문을 좀 바꿔서 경쟁사가 새로운 비행기를 제작했는데, 우리 회사도 100만 달러를 새로 투자하면 그런 비행기를 만들 수 있다고 한 직원이 제안한다. 하지만 성능은 경쟁사의 비행기가 더 좋을 것이다. 이 직원의 제안을 받아들여서 새로 100만 달러를 투자하겠느냐고 물어봤다. 앞선 경우와 차이는 앞에서는 이미 900만 달러를 지출했지만, 여기에서는 지출한 돈이 없다는 것이다. 여기서 응답자의 83%는 이 프로젝트에 100만 달러를 투자하지 않겠다고 답했다. 똑같은 의사결정이고 효과도 같은데, 900만 달러를 이미 투자한 경우에는 85%가 100만 달러를 더 투자하겠다 했고, 기존에 투자한 돈이 없을 때는 83%가 투자하지 않겠다고 한 것이다. 이미 투자한 금액, 즉 매몰비용에 따라 사람들의 의사결정이 달라진 셈이다.

재미있는 점은 두 경우의 성공 확률 추정치다. 경쟁사가 더 좋은 비행기를 이미 완성했다. 이때 우리 회사가 새로운 비행기를 완성한다고 해서 잘 판매될 수 있을까. 900만 달러를 이미 투자한 경우 사람들이 생각하는 성공 확률은 평균 41%였다. 그런데 기존에 투자한 금액이 없을 때는 사람들이 프로젝트 성공 확률을 34%로 봤다. 투자한 금액이 있을 때는 프로젝트 성공 확률이 높다고 생각한 것이다. 즉 투자한 금액이 없을 때는 성공 확률이 낮다고 판단한 반면, 많은 금액을 투자한 이후에는 성공 확률이 높다고 봤다.

이렇듯 매몰비용 오류에 빠지면 자기 돈이 이미 투자된 경우 그 돈의 영향을 받아 제대로 된 판단을 하지 못한다. 투자하지 않은 상태에서는 합리적 판단이 가능하지만, 일단 돈이 들어가면 그 돈이 아까워서 제대로 판단하지 못하는 것이다.

"새로 투자한다면 지금 종목을 또 살 것인가?"

매몰비용 오류에 빠지지 않기 위해 사용하는 질문이 있다. 세계적 경영학자였던 피터 드러커가 제시한 질문이다.

"지금 새로 사업을 한다면 지금 하고 있는 사업을 하겠는가."

이 질문을 투자에 적용해보자. "지금 새로 투자를 한다면 지금 투자한 종목을 또 살 것인가?" 대답이 "예스"면 현재의 투자를 계속해도 된다. 하지만 대답이 "노"라면 그 투자에서 빠져나와야 한다. 지금 그만두면 큰 손해를 보겠지만 그래도 빠져나와야 한다. 그래야 지금 당장은 손해를 보더라도 장기적으로는 성공할 수 있다.

그렇다면 앞에서 언급한 친구는 어떻게 하는 게 최선일까. 지금 돈이 있어서 주식을 새로 산다면 현재 가진 주식을 살 것인가? 매수 단가를 낮추는 물타기를 위해 사는 게 아니라, 정말 그 주식에 장래성이 있다고 판단해 그것을 살 것인가? 그 대답이 "예스"면 계속 가지고 있어도 된다. 반면 그 주식을 사지 않겠다고 생각한다면 손해를 받아들이고 빠져나오는 게 답이다. 그게 매몰비용의 오류에 빠지지 않는 방법이다.

THE PSYCHOLOGY of BIG MONEY

07

12·3 비상계엄 선포 직후
비트코인은 왜 폭락했는가

2024년 12월 3일 밤 비상계엄 선포로 비트코인 값이 대폭락했다. 암호화폐 거래소 업비트에서 1억 3,000만 원대였던 비트코인이 8,000만 원대로 뚝 떨어졌다. 이후 바로 제 가격으로 회복했지만, 어쨌든 순식간에 엄청난 거래가 이뤄지면서 30% 이상 폭락했다. 비상계엄 소식에 많은 사람이 비트코인 매도에 나섰다는 뜻이다.

다음 날 친구가 내게 물어왔다.

"흔히 비트코인은 안전자산이라고 하지 않나. 그렇다면 계엄 같은 비상 상황에도 가격이 오르거나 최소한 제 가격을 유지해야지, 왜 폭락했나?"

12·3 비상계엄 선포에 도대체 왜 비트코인은 출렁였을까?

그날 비트코인이 폭락한 이유 ①
비트코인이 국제상품이라는 사실을 잊다

그날의 비트코인 폭락은 나도 좀 이해하기 힘든 부분이다. 바이낸스 같은 해외 거래소의 비트코인 가격도 같이 떨어졌다면 그래도 좀 이해할 수 있다. 하지만 해외 거래소에서는 비트코인 가격이 떨어지지 않았다. 비트코인은 국제 상품이다. 한국에서 일어나는 사건으로 비트코인 가격이 큰 영향을 받지 않는다. 국제 비트코인 가격은 거의 변동이 없는 상태에서 한국 비트코인 가격만 폭락했다. 한국 사람만 내다 팔았다.

왜 한국 비트코인 가격이 폭락했을까. 떠오른 원인은 세 가지다. 첫째, 한국 사람들은 아직 비트코인이 국제 상품이라는 사실을 제대로 인지하지 못하고 있을 수 있다. 비상계엄이라는 재난 상황에서 자산 가격이 폭락하는 건 이해할 수 있다. 비상계엄은 분명 자산시장을 폭락시키는 큰 사건이다. 주식시장이 문을 닫은 한밤중에 사건이 일어났기에 주식시장 폭락이 없었을 뿐이다. 만약 주식시장이 열려 있는 낮에 사건이 일어났다면 주식시장도 대폭락했을 것이다. 그리고 밤사이에 계엄 상황이 어느 정도 해결돼 다음 날 주식 대폭락은 없었다. 만약 그 상태로 다음 날을 맞이했다면 주식시장도 대폭락했을 것이 뻔하다.

그런데 이렇게 폭락한 건 한국 자산시장뿐이다. 원유, 커피 등 세계적으로 거래되는 국제 상품은 폭락하지 않았다. 비트코인도 국제 상품이다. 국제 상품의 가격은 세계적으로 영향이 있는 사건, 아니면 시장에 큰 영향을 미치는 미국 등 주요 국가의 동향을 따른다. 한국 내 비상계엄은 한국에는 큰 사건이지만, 세계 비트코인 업계에서 볼 때 그렇게까지 큰 사건은 아니다. 한국 주식시장은 거대한 불확실성에 직면하지만, 비트코인은 그런 불확실성에 빠져들지 않는다. 하지만 이건 비트코인이 국제 상품이라는 점을 마음속 깊이 인지하고 있어야만 그렇게 생각할 수 있다. 그냥 주식, 부동산, 채권 같은 투자상품의 일종이라고만 생각하고 있으면 비트코인이 국제 상품이라는 사실을 잘 인지하지 못한다. 비상계엄 같은 위험 상황에서는 자산 가격이 크게 떨어진다. 그러니 비트코인도 대폭락하리라 예상하고 팔아치웠을 것이다. 한국의 주식, 채권, 부동산이 폭락해도 비트코인은 그 영향을 받지 않는 국제 상품이라는 사실을 몰랐기 때문에 많은 사람이 비트코인을 팔아버린 것 같다.

그날 비트코인이 폭락한 이유 ②
계엄 정국에선 거래 정지 가능성이 있다

둘째, 거래 정지 위험이다. 암호화폐 거래소가 폐쇄되는 등 거래 정지가 일어날 가능성이 있다면 무조건 팔아야 한다. 이때는 국제 상품이라서 괜찮다는 말도 해당되지 않는다. 거래가 정지되면 그냥 다 날린다. 사실 비상계엄 소식을 들었을 때 자산시장과 관련해서 내가 가장 염려했던 부분 중 하나는 거래 정지 가능성이다. 한국 주식이 거래 정지되지는 않을 것이다. 하지만 암호화폐와 해외 주식은 거래가 정지될 수 있다. 거래가 정말 정지된다면 언제 다시 거래가 허용될지 감도 잡을 수 없다.

설마 비트코인, 해외 주식의 거래 정지가 이뤄질까. 한국 정부는 원래 비트코인 등 암호화폐에 부정적이다. 2017년에는 암호화폐 거래소를 폐쇄하려 했다. 당시 국민이 대통령을 탄핵해야 한다고 나서는 등 엄청나게 반발했기 때문에 폐쇄하지 않았을 뿐이다. 암호화폐 거래소를 폐쇄하고 싶었지만 선거에 큰 영향을 미치기 때문에 물러섰다.

그런데 비상계엄 상황에서는 선거가 무슨 의미가 있나. 국민의 반발이 무슨 소용이 있나. 비상계엄하에서 정부는 그런 것은 신경 쓰지 않고 하고 싶은 대로 한다. 정부 관료들이 국민의 표를 신경 쓰지 않고 자기가 원하는 대로만 한다면 분명 암호화폐 거래소는 폐쇄될 가능성이 크다.

해외 주식도 위험하다. 이번 비상계엄 포고령 3항은 "모든 언론과 출판은 계엄사의 통제를 받는다"로, 국내의 모든 언론은 검열을 받게 된다. 문제는 해외 언론이다. 해외 언론은 계엄사 통제가 불가능하다. 정부 입맛에 맞지 않는 해외 언론을 막아야 하는데, 그러려면 해외와의 교류를 통제할 수밖에 없다. 모든 독재정권이 해외 정보를 막고, 인터넷 연결이 잘 안 되게 하며, 인적 교류도

제한하는 이유다. 모든 해외 정보를 규제하는데 해외 주식 거래는 허용할까. 주식 거래는 먼저 정보 접근이 가능해야 한다. 정보 접근이 불가능한데 해외 주식 거래가 가능할 리 없다. 또 미국은 이런 비민주적 통제 사회에 자기 시장을 개방하지 않는다. 설령 한국이 해외 주식 거래를 허용한다고 해도 미국이 제재 조치로써 한국의 미국 주식 거래를 금지할 수 있다. 그러면 지금 한국 사람이 보유한 미국 주식은 팔지 못한 채 그냥 장부상으로만 남게 될 뿐이다. 거래 정지 위험이 있다면 가격과 상관없이 무조건 팔아야 한다.

그날 비트코인이 폭락한 이유 ③
계엄이라는 불확실성 속에서는 현금이 필요하다

셋째, 현금 보유의 필요성이다. 암호화폐 거래소가 완전히 폐쇄되지 않더라도 어쨌든 당분간은 거래 정지가 될 수 있다. 비상계엄이 선포되고 난 후 얼마 동안은 정상적인 사회 활동이 정지될 가능성이 있다. 당장 그다음 날 주식시장이 열리는지, 학교는 갈 수 있는지 불확실하지 않았나. 며칠, 몇 주일간 그런 불확실성이 존재한다. 그리고 비상계엄이 선포됐다고 해서 바로 계엄 치하가 될지도 잘 모르겠다. 지금 50대 이상은 1987년 6·29 선언을 경험한 세대이고, 그 아래 연령대는 촛불시위를 경험한 세대다. 계엄령 선포에 가만히 있을 리 없다. 거리로 나갈 것이고, 그 사태가 얼마나 오래 될지 아무도 모른다. 그렇다면 그 기간을 버틸 현금이 필요하다.

월급을 받는 사람은 현금을 따로 준비할 필요가 없다. 매달 들어오는 월급에 맞춰 생활할 때는 별도의 현금이 없어도 된다. 특별한 일이 발생한 경우에나 따로 현금이 필요하다. 하지만 수입이 정기적이지 않고 일정하지 않은 사업가나 투자자는 이런 불확실한 상황에서 따로 현금을 챙기는 것이 중요하다. 당장 나도 한 달에 한 번 주식을 팔아 생활비를 충당하고 있다. 이런 상황에서 단기간이라도 매매 정지 조치 등으로 주식을 팔 수 없게 된다면 당장 먹고살 일이 막막해진다. 이럴 때는 아무리 재산이 많아도 소용없다. 부동산이나 주식이 많아도 지금 입에 풀칠을 할 수 없는 사태가 발생한다. 매달 내야 하는 은행 이자를 갚지 못해 신용불량자가 되고, 가진 재산이 경매에 넘어간다. 현금이 없으면 망하는 건 한순간이다.

현금화를 위해 미국 주식을 매도하다

실제 나도 현금이 필요하다는 긴박감 때문에 12월 3일 밤 미국 주식을 팔았다. 주식 자체는 아직 팔 때가 아니라고 생각하지만, 비상계엄 사태에서는 현금이 필요할 수 있기에 팔았다. 그래도 미국 주식이라서 폭락한 가격에 팔지는 않았다. 비트코인을 팔아야 하는 상황이었다면 폭락한 가격에라도 무조건 팔았을 것이다. 사업가나 투자자에게 이건 손해를 얼마나 보느냐의 문제가 아니다. 살아남을 수 있느냐 아니냐의 문제다. 지금 엄청난 손해를 보더라도 현금 준비가 돼 있지 않다면 일단 팔아야 한다.

12월 3일 밤 비트코인 폭락은 이 세 가지 원인이 복합적으로 작용해 나타난 현상일 것이다. 비상계엄으로 자산 가격이 폭락할 테니 비트코인도 폭락할 것이라는 두려움, 한국에서 암호화폐 거래가 정지될 수 있다는 두려움, 그리고 불확실한 상황을 맞아 현금을 미리 준비해두려는 생각. 안전자산이라 해도 이런 위기 상황에서는 폭락할 수 있고, 또 지나치게 폭락한 가격인 것을 알아도 어쩔 수 없이 팔아야 하는 사람들이 있다. 12월 3일 저녁에 일찍 잠들고 4일 아침에 깬 사람은 그런 고민을 할 필요가 없었을 것이다. 그래서 투자는 어렵다. 탄탄대로가 아니라, 지금 길이 어디로 향하는지 알 수 없는 산골짜기 오솔길이다. 계속해서 나오는 산속 갈림길에서 그때그때 어디로 갈지를 정해야 하는 미지의 길이다. 폭락한 가격에 비트코인을 팔아야 했던 불운한 사람에게 다른 행운이 오기를 기원한다.

THE PSYCHOLOGY of BIG MONEY

08

미국 주식 사용설명서

"요즘 사람들이 미국 주식을 정말 많이 하더라고요. 주식을 처음 하면서 아예 미국 주식으로 시작하는 사람도 많고요. 미국 주식이 대세인 것 같아요."

이에 대한 나의 답. "미국 주식을 하는 사람 중에는 최근 몇 년 사이에 시작한 경우가 많은데, 아직 그 무시무시함을 몰라서 그래요. 지금은 미국 증시가 상승세라 좋아 보이지만, 미국 주식이 떨어질 때는 정말 무지막지하게 떨어지거든요. 그걸 경험하고 나면 차라리 한국 주식이 낫다는 생각에 돌아오는 사람이 많을 겁니다."

누가 내게 미국 주식과 한국 주식 중 더 나은 게 뭐냐고 물으면 답은 분명하다. 나는 미국 주식이 더 좋다. 물론 여기에는 이유가 있다.

내가 한국 주식에서 손을 뗀 이유

내가 한국 주식을 피하게 된 원인은 크게 세 가지다.

첫 번째는 시도 때도 없이 발생하는 유상증자다. 주식이 좀 오를 만하면 거의 매번 유상증자가 발표됐다. 모든 기업이 다 그렇지는 않을 것이다. 하지만 내가 한국 주식을 하는 몇 년 사이 여러 차례 유상증자를 '당했다'. 유상증자가 발표되면 주가가 폭락한다. 이런 경험을 몇 번 하면 정이 떨어질 수밖에 없지 않겠는가.

두 번째는 거래정지다. 기업에 무슨 일이 생겨 주가가 폭락할 것 같으면 거래정지를 해버린다. 또 주가가 지나치게 오른다 싶을 때도 거래정지를 한다. 명목상으로는 투자자를 보호하기 위해서라고 한다. 하지만 투자자에게 주가 폭락이 더 해로울까, 아니면 거래정지가 더 해로울까. 더더욱 이해할 수 없는 건 주가가 폭등할 때도 거래정지를 한다는 점이다. 금융당국이 볼 때 이 주식의 주가가 어느 정도 수준이어야 하는데, 그 이상 오르면 투자자들이 비이성적으로 투자한다고 여기고 거래를 정지해버린다. 나 나름 고심해서 좋다는 주식을 샀는데 거래정지를 몇 번 맞으면 정이 뚝 떨어진다.

세 번째는 실적과 무관하게 형성되는 주가 수준이다. 정치 이슈, 트렌드에 따라 움직이는 주식은 실적과 상관없이 주가가 출렁일 수 있지만, 일반적이라면 실적 개선 정도에 비례해 장기적으로 주가가 올라야 한다. 그런데 한국 주식 중에는 실적이 아무리 좋아도 주가가 오르지 않는 사례가 적잖게 있었다. 그 이유 중 하나는 상속세다. 상속을 준비하는 기업은 주가가 상승하면 상속세가 더 오른다. 이런 기업들은 주가 상승을 막으려는 강한 동기를 갖고 있다. 그런데 내가 기업을 분석하면서 회장(대주주) 나이가 몇 살인지, 상속 계획이 어떻게 되는지까지 살펴봐야 하나. 한국에서는 실제로 상속 계획에 따라 기업 분할·합병 등이 이뤄지니 주식 투자를 하려면 상속 문제를 고려하지 않을 수 없다. 승리를 위해 열심히 뛰지 않는 선수가 많은 경기에서는 베팅을 해서는 안 된다. 내가 한국 증시에서 손을 뗀 주된 이유다.

미국 증시, 성장성 없는 기업은 바로 퇴출!

미국 증시에는 내가 한국 증시에서 실망한 이런 문제들이 없었다. 10년 넘게 여러 종목의 미국 주식을 갖고 있지만, 그간 한 번도 유상증자로 주가 폭락을 맞은 적이 없다. 거래정지도 마찬가지다. 기업합병이나 주식 분할 등 행정적 문제로 며칠 거래정지가 된 적은 있지만, 주가 폭락 또는 주가 폭등을 이유로 거래를 정지한 적은 없다. 그리고 미국 기업들은 주가를 높이려고 노력한다는 확신이 있다. 미국 기업은 CEO를 포함한 경영진, 대주주와 소액주주, 근로자 모두 주가가 오르면 이익을 본다. 그래서 상장해놓고 주가를 낮추려 꼼수를 부리지 않는다는 신뢰가 있다.

즉 내가 미국 주식을 하는 이유는 유상증자에 따른 주가 하락이 없다는 점, 거래정지가 없다는 점, 그리고 주가가 오르지 않기를 바라는 상장기업이 없다는 점으로 요약된다. 미국 주식이 한국 주식보다 수익률이 훨씬 높기 때문은 아니다.

미국 주식을 갖고 있으면 수익이 더 커질 거라고? 종목과 관계없이? 주식이 그렇게 쉬울 리 있는가. 미국 주식 수익률이 그렇게 좋다면 미국에서 투자하는 미국인은 모두 부자가 됐을 것이다. 그런 일은 일어나지 않는다. 어느 나라 주식이든 투자는 어렵다. 지금 미국 주식이 좋아 보이는 건 최근 몇 년간 미국 증시가 상승세였기 때문이다. 단기적으로 좋은 걸 가지고 '원래 그렇다' '미국 주식이 답이다'라고 생각해선 곤란하다.

내가 보기에 미국 주식의 가장 무서운 점은 떨어질 때 끝없이 떨어진다는 것이다. 한국 주식의 경우 소위 '잡주'면 몰라도 대기업 주식은 하락할 때 일정 한도가 있다. 실적 악화나 경영상 부정 이슈로 주가가 내리더라도 그 수준이 20~30%다. 50% 하락이면 정말 엄청난 수준이고, 장기면 모를까 단기로 그렇게 폭락하는 주식은 찾아보기 어렵다.

하지만 미국은 아니다. 아무리 유망 기업이고 대기업이라 해도 예상치 못한 적자를 내거나 부정 논란에 휘말리면 그대로 폭락이다. 사업 모델에 의문이 생기는 경우도 그렇다. 이때는 50%가 아니라 80~90% 폭락도 심심치 않게 발생한다.

한국 주식은 '이 정도 떨어졌으니 이제 더는 안 떨어지겠지'

'낙폭이 과도하니 반등하겠지' 등을 기대할 수 있다. 하지만 미국 주식에서는 그런 것을 기대할 수 없다. 엄청나게 떨어졌는데 더 떨어지고, 아무리 낙폭이 커도 추가 하락이 나온다.

2025년 1월 기준으로, 최근 삼성전자 반도체 사업이 어떻게 될지 모른다는 불안감이 크다. 그동안은 압도적 경쟁력을 보유하고 있었지만 새로운 반도체 환경에서 생존할 수 있을지 의심받는다. 그런데 이런 불안감 속에서도 주가는 지난 6개월간 35% 떨어졌을 뿐이다. 삼성전자 주식이 폭락했다고 곳곳에서 떠들어대지만, 실제로는 그 정도만 하락했다.

미국이라면 어땠을까. 미래 경쟁력, 생존 가능성을 의심받는 순간 50%는 그냥 떨어질 수 있다. 6개월에 걸쳐 차근차근 떨어지는 게 아니라 하루 이틀 사이, 길어야 일주일 사이에 곧바로 50%가 폭락한다. 그럴 가능성이 항상 존재하는 게 미국 주식시장이다.

그래서 나는 테슬라 등 주가를 2배 이상 추종하는 상장지수펀드ETF 등은 건드려선 안 된다고 생각한다. 우리 상식으로는 이런 대기업 주식이 하루 이틀 사이 반 토막이 나는 건 있을 수 없는 일이다. 그러니 2배 추종 ETF도 안전하다고 생각한다. 하지만 미국은 다르다. 테슬라도 어느 날 갑자기 반 토막 나는 게 가능하다. 주가 반 토막이면 2배 레버리지는 원금을 모두 날리고 청산을 당한다.

미국 증시는 장기적으로 계속 올랐다. 어느 나라와 비교해도 월등한 실적이다. 그러나 미국 주식이 그렇게 많이 오르는 것처럼 보이는 이면에는 실적이 안 좋은 기업, 좀비 기업을 인정사정없이 퇴출시키는 분위기가 있다. 기존 투자자를 보호하고자 성장성이 낮은 기업이라도 그냥 상장기업으로 살려둔다? 한국은 그렇지만 미국은 아니다. 상장기업으로서 가치가 없는 주식은 그냥 퇴출시키고, 새로 이익이 나는 기업을 계속 받아들인다. 그러니 전체적으로 주식이 계속 오르는 것처럼 보일 뿐이다. 개별 기업으로 보면 폭락하고 퇴출당하는 기업이 엄청나게 많다.

분산·장기투자에는 미국 주식이 답이다

그래서 미국 주식은 몇몇 기업만을 대상으로 투자하거나, 단기투자만 해서는 한국 주식보다 나을 것이 없다고 생각한다. 오히려 한국보다 폭락 가능성이 더 크다. 우량 기업 위주로 여러 기업에 분산투자하면서 장기적으로 접근하면 미국 주식은 분명 한국보다 유리하다. 그렇지 않으면 미국 주식은 오히려 더 위험하면 위험하지 한국 주식보다 나은 점이 별로 없다. 특히 어떤 사람들은 미국 주식으로 '단타'를 하는데, 그럴 거면 한국 주식으로 단타를 하는 게 거래수수료도, 세금도 더 적게 든다.

나는 분산투자를 하는 장기투자자다. 그래서 유상증자, 거래정지 같은 이슈가 없는 미국 증시가 훨씬 좋은 투자처다. 하지만 집중투자, 단기투자, 트렌드 투자, 차트 투자를 하는 사람에게는 미국 주식이 더 좋다고 하기 어렵다. 그러니 무조건 미국 증시가 좋다고 생각하고 미국 주식에 들어가지는 말자. 자신의 투자 스타일에 따라 어디가 더 좋은지를 정해야 할 것이다.

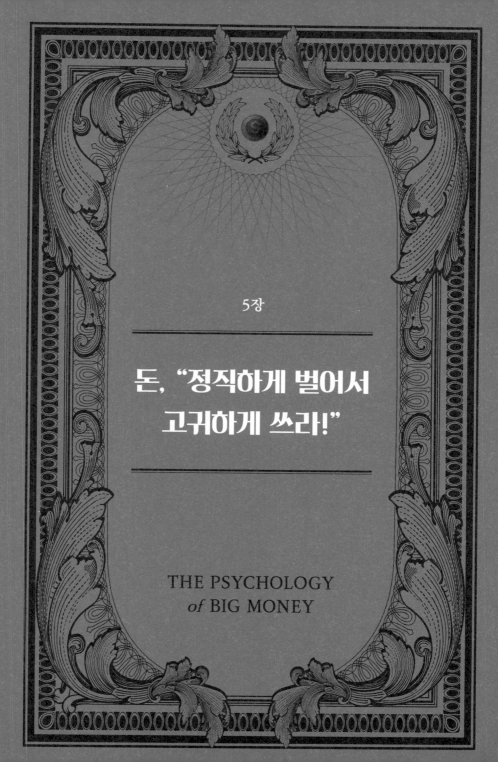

5장

돈, "정직하게 벌어서
고귀하게 쓰라!"

THE PSYCHOLOGY
of BIG MONEY

THE PSYCHOLOGY of BIG MONEY

01

강철왕 카네기처럼

10여 년 전 아프리카를 간 적이 있다. 그때 한 마을에서 한국인 자선 활동가를 만났다. 이 자선 활동가는 아프리카 아이들의 머리를 무료로 깎아주는 일을 주로 하면서 마을에 공적으로 필요한 잡다한 일들도 처리하고 있었다. 이 아프리카 마을은 가난한 동네였고, 그래서 무료로 아이들 머리를 깎아주고 동네일을 하는 그 한국인 자선 활동가는 주민들 사이에서도 인기가 있었다. 한국인이 아프리카까지 와서 아이들을 위한 자선 활동을 하는 것을 보니 진정한 자선 활동가의 모델 같았고, 나는 그를 보면서 굉장히 훌륭한 사람이라며 감탄했다.

그런데 이런저런 이야기를 하다가 조금 이상한 점을 발견했다. 그 자선 활동가는 몇 년에 한 번 정도 정기적으로 한국을 방문하고 있었다. 한국에서 자신의 자선 활동을 설명하고, 자선 기부금을 받아 아프리카로 돌아왔다. 즉 한국인 자선가로부터 돈을 받고, 그 돈을 기반으로 아프리카에서 자선 활동을 하는 것이었다. 결국 그 자선 활동가의 생활비는 기부자들의 자선 모금에서 나왔다.

생활비를 받는 자선 활동은 업무일 뿐이다

이 사실을 알고 나서는 그 자선 활동가를 어떻게 봐야 할지 좀 애매했다. 그는 자선 활동을 하고 그 대가로 돈을 받았다. 자선 활동을 하는 대상은 아프리카 주민이고 돈을 주는 사람은 한국인으로 서로 다르긴 하지만, 어쨌든 생활비를 받으면서 자선 활동을 했다. 그러면 이 사람의 자선 활동은 봉사 활동인가, 아니면 직장인의 업무 활동인가.

　돈을 받지 않고 아이들 머리를 깎아준다면 분명 봉사 활동이다. 하지만 생활비를 전폭적으로 지원받으면서 아이들 머리를 깎아준다면 그건 봉사 활동인가, 직장 활동인가. 어디에 취직해 일하는 건 아니다. 하지만 어떤 형태로든 생활비 전체를 지원받으면서 봉사 활동을 하는 거라면 자선 활동이라기보다 직장 활동 아닐까. 꼭 그가 아니더라도 누군가가 돈을 충분히 줄 테니 아프리카에 가서 아이들 머리를 깎아주라고 한다면 그 일을 하겠다고 나서는 사람이 많지 않을까.

그렇게 생각하니 한국인이 거기까지 와서 직접 아이들 머리를 깎아주는 것도 문제였다. 한국인이 아프리카 마을에 와서 직접 머리를 깎아주는 것보다 그냥 현지 아프리카 이발사에게 돈을 보내주고 아이들 머리를 깎아주라고 하는 게 더 낫지 않을까. 그러면 훨씬 많은 아프리카 아이가 무료로 머리를 깎을 수 있다. 지원금이 충분하면 아프리카 이발사를 한두 명 더 채용해 아이들 머리를 깎으면 된다. 그럼 직장을 얻는 아프리카인도 생긴다. 최소한 한국을 정기적으로 오가는 한국인 자선 활동가의 비행기 티켓 값으로 아프리카 아이들의 머리를 더 깎아줄 수 있다.

나는 이 자선 활동가를 자신을 희생해 봉사 활동을 하는 훌륭한 사람이라고 생각했다. 그런데 이 자선 활동가는 자선가로부터 돈을 받고 이런 활동을 하고 있었다. 그렇다면 진정으로 자선 활동을 하는 사람은 누구일까. 아프리카까지 와서 자선 활동을 하는 자선 활동가일까, 아니면 이 자선 활동가에게 돈을 대는 자선가일까.

자선가가 돈을 대든 말든 상관없이 스스로 자선 활동을 수행한다면 자선 활동가가 자선을 한다고 할 수 있다. 하지만 자선가가 돈을 대야만 이런 활동을 할 수 있다면 그때는 돈을 대는 자선가가 진짜 자선을 하는 것이다. 결국 자선 활동에서 가장 중요한 이는 앞에 나서서 활동을 열심히 수행하는 사람이 아니라, 돈을 내는 사람이다. 돈을 대주는 자선가가 없다면 아이들 머리를 깎아주는 자선 활동가도 없다.

자기 돈으로 봉사해야 진정한 자선 활동가

이런 관점에서 자선 활동에 가장 큰 공헌을 하는 이는 자기가 돈을 내면서 스스로 자선 활동을 하는 사람이다. 즉 자기 돈으로 직접 자선 활동을 하는 사람이다. 이런 사람은 참 드물지만 있긴 있다. 가장 대표적 경우가 강철왕 앤드루 카네기^{Andrew Carnegie}다.

미국 강철산업을 지배하던 카네기는 1901년 당시 자기 회사를 4억 8,000만 달러에 팔고 세계적 갑부가 됐다. 그리고 그 돈으로 자선 활동을 시작했다. 이때 카네기는 자선 활동에 기부하는 돈 대부분이 실제 도움이 필요한 이에게 가지 않고 돈을 관리하는 사람이 자기들 이익을 위해서 써버린다고 봤다. 그래서 어디에 돈을 기부하지 않고 직접 자선 활동을 시작했다. 미국 전역에 도서관을 세우고, 학교를 만들고, 카네기홀을 건립하는 등 실제 사람들에게 도움이 될 만한 자선 활동을 했다. 실제 카네기는 자기 재산의 90%를 기부 활동에 썼는데, 이런 활동을 하느라 은퇴 전보다 더 바쁜 나날을 보냈다. 현대에는 빌 게이츠 마이크로소프트 창업자가 자기 돈을 들여 자선 활동을 하는 대표적 인물이다.

다음으로 자선 활동에 공헌하는 이는 자기 돈을 사용하고, 다른 사람들의 돈도 받으면서 자선 활동을 이어가는 사람이다. 자선 활동을 할 때 자기 재산을 사용하지만 그것만으로는 부족하다. 그래서 다른 사람의 돈을 받아 자선 활동에 보탠다. 규모가 확대되면 자기 돈보다 다른 사람 돈의 비중이 더 커지기도 한다. 어쨌든 중요한 건 자기도 돈을 내고 있다는 사실이다. 자기도 금전적으로 부담을 지면서 자선 활동을 하는 것이다.

그다음은 자신이 직접 자선 활동을 하지는 않지만, 자선 비용을 전적으로 부담하는 사람이다. 앞에서 본 아프리카 아이들의 머리를 깎아주는 자선 활동에서 그 비용을 모두 부담하는 자선가가 이 경우에 해당된다. 그는 자신이 직접 자선 활동을 하지는 않지만, 그런 활동을 하는 사람을 전적으로 지원해 그 활동이 실제 이뤄지게 한다. 우리는 보통 뒤에서 돈만 내는 사람보다 실제 활동하는 사람을 더 중요하다고 본다. 하지만 자선 활동을 하는 사람은 대부분 누가 돈을 지원하지 않으면 더는 활동을 하지 않는다. 이때는 활동하는 사람보다 돈을 지원하는 사람이 더 중요하다고 봐야 한다.

그리고 다음은 다른 이들의 돈을 바탕으로 직업적으로 자선 활동을 하는 사람이다. 대부분 유명한 자선 활동가, 자선단체에서 활동하는 사람이 여기에 속한다. 전면에 나서서 여러 활동을 직접 수행하는 사람들이다. 이런 자선 활동가는 두 가지 부류로 나뉜다. 자선 활동가는 재단 등에서 보수를 받는다. 이때 자기 월급까지 자선 활동에 쓰는 자선 활동가가 있고, 자기 월급은 절대 건드리지 않는 자선 활동가가 있다. 자기 월급을 자선 활동에 쓰는 사람은 자기 돈은 물론, 다른 사람의 돈도 사용하는 자선 활동가라고 볼 수 있다. 반면 자선 활동에 자기 월급을 절대 쓰지 않는 사람은 실제 자선 활동가가 아니다. 그냥 자선단체에서 일하는 직장인일 뿐이다. 사회에 나와 돈을 벌고자 직업을 선택할 때 자선 단체, 자선 활동 업무가 마음에 들어 그 일을 직업으로 삼은 것이다. 실제 그 일을 수행하고 있기는 하지만 자기 자신을 희생한다고 볼 수는 없다. 조금이나마 자기를 희생하는 기부자보다 더 낫다고 보기도 어렵다.

자선 활동에도 돈 흐름이 중요하다

나아가 더 문제가 되는 건 자선 활동을 통해 자기 이익을 증대하는 사람이다. 자선 활동을 하겠다고 다른 사람들로부터 기부금을 모집하고는 그 돈을 자선 활동보다 자기 이익을 위해 사용하는 부류다. 물론 기부금을 모두 자기 이익을 위해 사용하는 건 아니고, 일부는 실제 자선 활동에 사용한다. 그러나 적잖은 돈을 자기를 위해 쓴다. 이건 자선 활동가가 아니라 일종의 사업가로 봐야 한다. 자선이라는 아이템을 활용해 자기 이익을 추구하는 기업 활동이다. 어쨌든 자선 활동은 직접 그것을 수행하는 사람이 있어야 한다. 그런 점에서 직업적 자선 활동가는 자선 활동 분야에서 중요하다.

마지막으로, 간헐적으로 자선 비용을 내거나 자선 활동을 하는 사람이 있다. 간헐적이다 보니 이것을 기반으로는 지속적인 자선 활동이 이뤄지기 어렵다. 그러나 사람들의 인식을 제고하는 데는 이 부분이 중요하다. 대다수 사람의 자선 활동이 바로 이 영역에 속한다.

기업 활동에서 누가 중요한 사람이냐를 구분하는 기준은 누가 돈을 내는 사람이고 누가 돈을 받는 사람이냐. 마찬가지로 자선 활동에서도 누가 돈을 내고 받는가라는 돈 흐름이 중요하다. 이런 관점에서 자선 활동을 보면 누가 진정한 자선 활동가인지에 대한 기준이 만들어질 수 있을 것이다.

THE PSYCHOLOGY of BIG MONEY

THE PSYCHOLOGY of BIG MONEY

02

대제왕 키루스처럼,
"정직하게 벌어 고귀하게 쓰라"

고대 페르시아 위인 가운데 키루스^{Cyrus the Great}가 있다. 아테네 등
고대 그리스 국가들은 계속해서 페르시아와 전쟁을 벌였는데, 그
페르시아를 제국으로 만든 이가 바로 키루스다. 개인적으로는 로
마제국의 기틀을 마련한 카이사르와 더불어 가장 존경하는 위인
이다. 키루스는 적을 자기편으로 만드는 재주가 있었다. 그는 자기
에게 항복한 나라를 억압하고 착취하지 않았다. 오히려 존중하고
이전보다 더 많은 이익을 안겨줬다. 키루스는 현 중동 지역을 제패
했는데, 이렇게 정복당한 지역의 주민들은 키루스를 비난하지 않
고 오히려 아버지라고 부르며 존경했다. 보통 로마가 1,000년 제
국을 이룩한 것은 동맹국을 중시하고 적을 포용하는 관용 정책
때문이라고 한다. 이 정책의 모델이 바로 키루스의 페르시아였다.

돈 욕심은 본능이다

그런 키루스가 돈에 대해서는 어떻게 생각했는지 살펴보자. 키루스는 주변 사람들에게 돈을 많이 나눠줬다. 동료인 크로이소스 Croesus는 그런 키루스에게 다음과 같이 충고한다.

"그렇게 다른 사람에게 후하게 줘버리면 머지않아 가난해질 것이다. 네가 좀 더 재물을 모으는 데 신경 썼다면 지금보다 몇 배나 많은 양의 재물을 가지고 있을 것이다."

이에 키루스는 다음과 같이 답한다.

"나 또한 재물에 대한 욕망에서 자유롭지 못하다. 그건 신들이 우리 영혼에 불어넣은 마음이다. 나도 다른 사람처럼 재물에 만족할 줄 모른다. 사람들은 재물을 필요 이상으로 거둬들이고 그것을 관리하느라 피곤해한다. 하지만 나는 신들의 가르침에 따라 항상 더 많이 거두려 하지만, 필요 이상으로 거뒀을 때는 그것을 친구들이 어려워졌을 때 사용한다. 나는 재물을 많이 소유한 사람이 가장 행복하다고 여기지 않는다. 재물을 정직한 방법으로 많이 획득하고, 그것을 고귀한 목적을 위해 쓸 수 있는 사람이 가장 행복하다고 생각한다."

한마디로 돈에 대한 키루스의 철학은 돈을 많이 벌고, 그 돈을 다른 사람들을 위해 쓰는 것이다. 돈을 벌고자 하는 마음, 돈이 더 많았으면 하는 마음은 나쁜 게 아니다. 그것은 신들이 우리 영혼에 불어넣은 마음, 즉 본능이다. 제국의 왕으로서 엄청난 재산을 보유하고 있던 키루스도 가진 재물에 만족할 수 없었다. 계속 더 많은 재산을 바랐다. 그러나 키루스는 돈을 모으는 것만으로는 행복에 한계가 있다고 봤다. 그 돈을 주변 사람들을 위해 쓸 때 더 행복할 수 있다.

키루스는 이렇게 말한다.

"엄청난 부를 얻어 명성을 누리는 사람이 친구들을 돕지 않는다면 그는 비열한 자다. 또한 자신의 재산 규모를 친구들에게 감추는 사람도 비열하다. 왜냐하면 친구들은 그자가 부자라는 사실을 모르기 때문에 어려운 일을 당해도 아무런 부탁을 하지 못하고 궁핍한 현실을 견뎌야 하기 때문이다. 따라서 자신의 재산이 얼마나 되는지 공개하고, 이에 비례해 신사적으로 행동하려 노력하는 게 가장 솔직한 길이다."

키루스는 실제 자신의 재산을 주변 사람들을 돕는 데 사용했다. 사람들은 키루스를 이렇게 평가했다.

"키루스는 자신을 위해 돈을 버는 사람이 아니다. 그는 재산을 쌓아두는 것보다 나눠주는 것을 더 기뻐한다."

보통 사람은 재산 증식에 초점을 둔다

키루스는 돈을 모으기만 해서는 안 되고, 모은 돈을 주변 사람들을 위해 써야 한다고 했다. 키루스의 말이 맞다. 하지만 돈을 모으는 데 더 초점을 두는 이들을 변호하는 말을 덧붙이고 싶다. 사람은 행복을 추구한다. 키루스가 돈을 나눠주는 일을 중시한 이유는 그의 말마따나 그럴 때 더 큰 행복을 느꼈기 때문이다. 그런데 보통 사람은 돈을 모을 때 쌓여가는 재산 규모를 보면서 큰 행복을 느낄 수 있다. 돈을 쌓는 건 행복감을 느끼기 위한 그 자신의 노력이다.

1억 원을 처음 모았을 때 굉장히 기쁘다. 단순히 현금 1억 원이 있다는 사실로만 기쁜 게 아니라, 성취감이 있고 자신감도 생기기 때문이다. 9,900만 원과 1억 원은 실제로 별 차이 없지 않나. 그런데 희한하게 1억 원을 찍으면 행복감이 크다. 토익 점수 890과 900은 영어 실력 측면에서 별 차이가 없다. 하지만 900점이 되면 심리적으로 크게 달라진다. 돈도 마찬가지다. 재산의 앞 단위가 달라지면 굉장히 기분이 좋아진다.

이후 2억 원, 3억 원이 되면 기분이 좋기는 하지만 1억 원을 모았을 때만큼 행복감이 크지는 않다. 하지만 재산이 10억 원이 되면 또 달라진다. 이때도 굉장한 행복감을 느낀다. 이후에도 50억 원이 됐을 때, 100억 원이 됐을 때 등등 숫자의 앞 단위가 달라지면 더 큰 행복감을 느낀다. 10억이 100억이 되는 것처럼 단위가 바뀌면 분명 희열이 있다. 여행 가고 맛있는 것 먹고 취미 활동을 하는 것보다 더 큰 행복감을 느낀다.

돈을 모으는 건 분명 자신의 행복감을 증진하는 길이다. 그러니 돈을 모으기만 하는 사람을 비난할 필요가 없다. 키루스의 말마따나 재산이 늘어나기를 원하는 것은 신이 사람들의 영혼에 불어넣은 마음이다. 보통 사람이 이 마음에서 벗어나는 건 어렵다. 키루스는 재산을 늘리는 것을 넘어서서 주변 사람들을 위해 돈을 썼고, 그 때문에 키루스는 위대한 인물이 됐다. 돈을 모으는 데 초점을 두는 건 보통 사람, 모은 돈을 나누는 데 초점을 두는 건 위대한 사람의 길이다. 돈을 모으는 데 초점을 두면 나쁜 사람이고, 모은 돈을 나누는 데 초점을 두면 보통 사람인 게 아니다. 돈을 나누는 사람은 칭송해야겠지만, 돈을 모으기만 한다고 해서 비난할 일도 아닌 것이다.

또 한 가지 짚고 넘어가자. 키루스는 자기가 재산을 얼마나 갖고 있는지 숨기는 것을 옳지 않다고 봤다. 자신의 재산을 솔직히 모두 공개해 주변 사람들이 그걸 알고 도움을 청할 수 있도록 해야 한다고 생각했다. 키루스의 말이 맞다.

하지만 여기에는 한 가지 전제 조건이 필요하다. 국가와 주변 사람들이 그의 부를 인정하고 보존해야 한다는 전제다. 부자라는 사실을 알았을 때 부당하게 그 재산을 빼앗으려 하는 나라에서는 자신의 부를 숨겨야 한다. 권력과 재산을 동시에 가지고 있으면 괜찮다. 자신이 부자라는 사실을 공개할 수 있다. 하지만 권력은 없으면서 재산만 가지고 있을 때는 자신이 부자라는 사실을 알려서는 안 된다. 권력자가 재산을 빼앗아 가기 때문이다. 돈이 많다는 티를 내지 않고 검소하게 살아가는 부자라는 말은 그래서 사실 칭찬만은 아니다. 전근대사회에서는 부자라는 사실을 다른 사람이 알면 재산을 빼앗기기 때문에 이를 방지하기 위한 자구책이었을 뿐이다.

자기가 부자라는 사실을 주변 사람들이 알아서 어려움에 처했을 때 도움을 청할 수 있는 사회는 키루스 같은 현명하고 인자한 사람이 권력자로 있을 때나 가능했다. 실제 페르시아도 키루스가 죽고 난 후 달라졌다.

키루스가 죽은 뒤 달라진 페르시아

그리스 작가 크세노폰Xenophon은 키루스가 죽고 난 이후의 페르시아를 이렇게 평가했다.

> "키루스가 죽고 나자 모든 것이 망가지기 시작했다. 페르시아인은 특히 돈 문제에서 정직하지 못하게 변했다. 그들은 법을 어긴 사람뿐 아니라 아무 잘못도 하지 않은 사람까지 체포해 정당한 이유도 없이 돈을 내게 했다. 따라서 부자는 죄를 많이 지은 사람 못지않게 두려워하며 살고 있다."

키루스의 페르시아는 돈을 벌고 모으는 걸 신이 인간에게 불어넣은 마음이라고 인정했고, 부자가 자신의 재산을 숨김없이 드러내면서 주변 사람들을 돕는 걸 칭송하는 나라였다. 키루스의 페르시아가 이후 로마 같은 제국들의 모범이 된 건 키루스가 가졌던 이런 돈의 철학과도 관련 있다.

Dom 035

월급만으로는 돈이 돈을 버는 걸
절대 이기지 못한다:

최성락의 돈의 심리 두 번째 이야기

초판 1쇄 인쇄 | **2025년 4월 18일**
초판 1쇄 발행 | **2025년 5월 12일**

지은이 최성락
펴낸이 최만규
펴낸곳 월요일의 꿈
출판등록 제25100-2020-000035호
연락처 010-3061-4655
이메일 dom@mondaydream.co.kr

ISBN 979-11-92044-59-0 (03320)
ⓒ 최성락, 2025

'월요일의꿈'은 일상에 지쳐 마음의 여유를 잃은 이들에게 일상의 의미와 희망을 되새기고 싶다
는 마음으로 지은 이름입니다. 월요일의꿈의 로고인 '도도한 느림보'는 세상의 속도가 아닌 나만
의 속도로 하루하루를 당당하게, 도도하게 살아가는 것도 괜찮다는 뜻을 담았습니다.
"조금 느리면 어떤가요? 나에게 맞는 속도라면, 세상에 작은 행복을 선물하는 방향이라면 그게 일상의 의미
이자 행복이 아닐까요?" 이런 마음을 담은 알찬 내용의 원고를 기다리고 있습니다. 기획 의도와 간단한 개요
를 연락처와 함께 dom@mondaydream.co.kr로 보내주시기 바랍니다.